Mordswut un Rachgelüste

Plattdütsche Krimi-Geschichten
von Mördereen, Dootschlag un Bedreegereen
to'n Gruseln un Amüseern

Die Autorin

Anneliese Hamann, geb. 1949, aufgewachsen auf einem Bauernhof mit zwei Geschwistern. Von Kindesalter an hat sie Plattdeutsch gesprochen, deshalb möchte sie diese liebenswerte »Sprache« erhalten wissen. Dazu sollen diese Kurzgeschichten in Plattdeutsch auch beitragen. In ihrer Ehe hat sie zwei Söhne erzogen und daneben als Schwesternhelferin überwiegend in der Altenpflege gearbeitet. Sie hat schon immer gern geschrieben, aber um sich das richtige Handwerkszeug dafür anzueignen, absolvierte sie vor vielen Jahren ein Fernstudium in Sachen Schriftsteller-Journalismus. Seit über 20 Jahren schreibt sie für Medien Kreiszeitung »Verdener-Aller-Zeitung« und »Achimer Kreisblatt« und auch für andere Magazine. Schreiben ist einfach ihr Hobby.

Anneliese Hamann

Mordswut un Rachgelüste

Plattdütsche Krimi-Geschichten
von Mördereen, Dootschlag un Bedreegereen
to'n Gruseln un Amüseern

Edition Falkenberg

Titelabbildung: fotolia

1. Auflage 2019

ISBN 978-3-95494-196-4
www.edition-falkenberg.de

Inhalt

Alina wehrt sik endlich!

Rasant föhrte Rudolf König sinen Sportwogen in de Garage, steegt ut, schmeet de Autodör to, un reckte sik: »Och Mann! Wedder een Arbeitsdag rüm! Nu kummt dat Vergnögen.« König wör Besitter un Geschäftsföhrer von eene groode Druckerei, de jümmer gröter expandeerte.

Rudolf König harr ehrgiezige Mitarbeiter, eene groote Villa, väle Fründe, wör leidenschaftlicher Jäger un Schörtenjäger, wör mit Alina verheirotet, un harr alles innen Griff. He schmeet sine Jacke öber eenen Stohl, den Autoschlötel up de Anrichte, steegt ut sine Schohe un pfefferte de dör den Flur: »Line, wo blivt dat Avendäten?«, röp he un löp in de Köken. Aver hier fünn he sine Fro Alina nich. »Line! Verdammig kumm her!«, bölkte he.

Alina köm in een burgunderroet Kostüm gewandet, schön friseert, de Treppen runner. »Öh-höö? Wat schall dat denn?«, fröcht Rudolf luut. Alina stellte sik vör em hen: »Rudolf, wi hebbt hüte usen 15. Hochtietsdag! Gistern hest du mi dorto vandage to'n Äten in't ›Glorias‹ inlad! Hest du dat all vergäten?«

»Wat, dat hebb ik versproken? Du spinnst woll, Line! Hüte Avend föhr ik no den Sandhofener Forst up Jagd! Dat steiht all lange fast.« He bekeekt Alina von boben bet ünnen un meente grinsend: »Meenst du würklich, dat ik mit di in't »Glorias« goh? So, as du utsühst? Un wat schall dat mit düt blöde Kostüm? Mi'n Geld dorför harrst di sporen könnt! Och Line, mit di kann doch keener utgoh'n! Du hest keenen Geschmack, kannst nich mitschnacken in Gesellschap. Du mokst jo nix her! Bliev du man to Huus, hier föhlste di doch annen Wollsten!«

Alina wör wedder moll bedropen un deeptrorig, weil ehr Mann Rudolf ehr jümmer kleen mök.

Wut stegt in ehr up, se harr sik so up düssen Avend mit Rudolf freit! Endlich harr he mott Tiet för ehr. Aver nu all wedder de Enttäuschung un dorto sine Beleidigungen!

»Rudolf, ik bün doch dine Fro! Worüm deist du mi jümmer wedder so weh? Un worüm hest du mi egentlich heirot? Wör dat Vadders väle Geld, wat ik mit in de Ehe brocht hebb? Wör use Ehe von Anfang an von dine Siete bloß Beräknung? Segg' mi een Mol de Wohrheit, Rudolf!«

Aver Rudolf winkte af, he woll sik to Jagd ümteh'n. »Line, denn weeßt du jo Bescheed! Ik bruukte domols dringend Geld, un du löpst mi to rechten Tiet man jüst över den Weg.« Alina röp em to: »Ik hebb nich dacht, dat du di mi gegenöber as Schurke benimmst. Ik hebb glövt, dat du mi wenigstens geern magst. Un ik hebb eene Bitte an di, de ik all hunnert Mole harr – nöm mi nich jümmer Line! Ik heet Alina!«

»Is jo good!«, anterte Rudo, un güng de Treppen hoch. »De Name Alina is dat Enzige, wat schön is, aver he passt nich to di, för mi blivst du de schlichte Line!« No een poor Minuten suuste Rudolf in sinen grönen Jagdantog an ehr vörbi no'n Waffenschrank hen. Ohne Gruß schlög he mit geschulterten Gewehr de Huusdör achter sik to.

Alina stünn mit gemischten Geföhlen stockstief innen Flur, minutenlang. Se wör nich wütend, nich mehr so trorig as ans jümmer, wenn Rudolf ohne ehr weggüng. Se wunnerte sik över ehre komischen Geföhle, de in ehr an'n Arbeiten wören. Wören dat Hassgeföhle, de ehre Leev to Rudolf aflösten? Se schüddelte sik, wat wör mit ehr los? Entschloten güng se ohne Tronen innen Gesicht no boben, tögt sik dat nee Kostüm ut, un wöhlte ehre Frisur kaputt. De Speegel wies' ehr eene blasse, ganz schlanke Fro üm de Veertig mit aschblonden, dünnen Hooren. Düsse bäten spärliche Koppbewuchs mök ehr Kummer, weil se sik sorgfältig friseeren mösste, üm dat Manko möglichst to verdecken. Över Rudols Beleidigungen könn se nich mehr weenen. Siker wör ehr Vörrot an Tronen all längst verbruukt.

To Anfang von ehre Ehe harr se marken mösst, dat Rudolf ehr bloß Leeve vörheuchelte. Bald bestünn he up getrennte Schlopzimmer, un löt ehr bookstävlich würklich in Allem alleen. Se woll so geern een Kind, aver Rudolf köm nich mehr in ehrt Bett.

Irgendwann hett Alina erfohren, dat se Rudolfs tweete Fro wör. Se frögt em, wo denn sine Exfro wör, aver he reageer wütend, dat ehr dat nix angüng. Se ohnte domols nich, dat Rudolf all lange eene Geliebte harr, all wiet vör ehre Hochtiet. Se hett em vergäben, weil se em innig leev harr. Se hett glövt, dat he sik ännern dö, dat he sine Geliebte upgäben dö, de se domols noch nich kennt harr, un ehr, Alina, glücklich mök.

Dorno begünn Alinas würkliche Leid. Se erduldete de unendliche Schmach, dat de Geliebte bald in de Villa in- un utgüng, getarnt as Geschäftspartnerin von Rudolf, bet se de beiden in inniger Ümarmung seh'n hett. Aver do glövte se jümmer noch an Rudolf, woll dat enfach nich wohrhebben, dat se för em nix gell'. Se lävte nich mehr real, se drömte sik eene heele Welt tohopen. Se harr een schönet Heim mit Gärtner un Putzfro, kokte Rudolfs Lieblingsäten, he möcht to geern Waldpilze, de he innen Harvst sülmst sammeln dö, verwöhnte em, wo se bloß könn, un wör so glücklich, wenn he ehr moll öber den Nacken streek. Aver mehr dö he nich för ehr.

Düt allet güng ehr innen Kopp rüm. Wat wör bloß ut ehr wurn? Eene ungeleevte Ehefro, de väl Geld mit in de Ehe brocht hett. De nie besonnere Ansprüche stellte, un nichmoll Taschengeld harr.

Rudolf harr ehrt Geld glieks in den Betrieb stäken, de dringende Saneerung nödig harr. Rudolf leistete sik nee Gewehre un allerlei Jagdtobehör samt Kleedasche.

Eene Wäke loter veranstaltete Rudolf eene Party mit Geschäftsfründen un Jagdgenossen bi sik to Huus. Alina schöll de Upsicht öber dat gesamte Catering moken, Getränke köhlen, de Speisen schön anrichten loten, un för Nodisch sorgen, den se jümmer so goot mök. Koken wör eene von ehre Leidenschapen.

Fröher malte Alina geern, harr ok enige Biller verköft, aver in ehre Ehe harr se dorto keene Tiet mehr, ok, weil Rudolf dat nich duldete. An düssen Nomiddag, as avends de Party stattfinnen schöll, köm Rudolf in de Köken un geevt Alina een schön verpacktet Geschenk.

Ehrt Hart kloppte schneller, ehre Ogen lüchteten up – een Geschenk von Rudolf! Villicht eene schöne Bluse för den Party-Avend? Wat för eene Vörfreide bi'n Utpacken! Dorbi köm wat derbet Buntet to'n Vörschien. Alina nöhm dat Kleedungsdeel, un faltete dat uteenanner. Aver wat wör dat denn? Een Kökenkittel in knallbunten Farfen!

Ächzend löt sik Alina up den nächsten Stohl fallen, de schreckliche Kittel legt up'm Footbodden ... Wat för eene Beleidigung von Rudolf för ehr! För em dögte se bloß wat inne Köken! As Huushöllersche, as sine Deenersche! De Kopp drohte ehr to platzen, bunte Ringel danzten ehr vör Ogen, de Böstkörv drückte schlimm, un dat Atmen füll schwor. So seet se enfach dor, ohne Tronen, ohne Weenen. Wo lange se so säten harr, wüsste se achterher nich mehr. Aver ehr wören no un no alle Sicherungen dörbrennt, gans liese un still, as dat ehre Art wör ... Se realeseerte von dor af an de grausome Würklichkeit: nämlich, dat se blind wäden wör, indem se de Wohrheit nich seh'n woll, dat se de ungeliebte Ehefro wör, dat de Geliebte dat Bett mit Rudolf all lange Tiet deelte.

Mit eenen Schlag wör ehr ok klor, dat de Fro an Rudolfs Siete nich se wör, sonnern de rassig-schöne Beata mit den langen schwarten Zopf, sine Jagdbegleiterin un langjährige Geliebte. Seit körter Tiet köm Rudolf avends to ehr in de Bibliothek, wo se läsen dö, mit'n Glas Rotwien rin, un röp ehr »To'n Wohl« to, un tögt sik glieks wedder in sinen Wohnberiek torücht. Düsse Geste empfünd' se noch schön, un drünk dat Glas langsom ut. Wenn se dorno innen Bett legt, wör ehr meist unwoll, un een Mol mösste se sik heftig öbergäben. Verdammig nochmoll! Fief Mole harr se vergifteten Wien drunken! Dat wör ehr blitzortig klor! De wollen ehr weghebben, Rudolf un sine Beata! Langsom, Schritt för Schritt mit präparierten Rotwien!

Alina zerbrök sik ehren Kopp, wat to do'n wör, wie se sik schützen könn. Se verlöt de Köken, geevt aver vörher de Cateringsleitung an eene Hülpe af, un güng in ehrt Schlopzimmer.

Up eenmoll wüsste se, wat se do'n mösste - to'n Gegenschlag utholen! Se wör gans ruhig. Gelotenheit öberköm ehr. Se empfünd ok keenen Hass up Rudolf, bloß noch Gliekgültigkeit, mehr nicht. Ehre Leeve to em wör jüst endgültig doot! Se kreegt Mordgedanken un schlöp de ganse Nacht nich. Se mök Pläne, un läste een Book to den Film »Arsen un Spitzenhäubchen.« Dorin köm Arsen vör. Arsen, dat in Kriminalromanen geern as Mordgift insett ward, is een geruchloset un licht sötlich schmeckendet, wittet Pulver, dat sik goot in Flüssigkeiten uplösen lett.

Aver leider is dat ok inne Ewigkeit un inne Hölle jümmer noch nowiesbor. Also köm dat nich infroge för ehrt Hanneln. Mit Rudolfs Waffen könn se nich ümgohn, uterdem köm se dor ok nich ran, weil de Panzerschrank dichtschloten wör. Uterdem harr se eenmoll eenen Urdeelssprök von dat Soziolgericht läst: »Ehefroen, de ehre Männer dootschoten hebbt, hebbt keene Ansprüche up Witwenrente.«

Ehre Gliekgültigkeit gegenöber Rudolf könn ohne wieteres sin Licht utknipsen. De meisten Minschen sünd Mörder. Se bringt Minschen üm. Nämlich in sik sülmst. Alina nöhm sik vör: »Ik bün von nu afan de Türstoherin in minen Läbens- Club. Ik lot welke rin, de ik mag, dröft blieben, de anneren fleegt wedder ruut! Se dachte neidvull an Beata. Je schöner de Pilz, desto gftiger is he. Dat passte genau up Beata, de ehr jeden Avend satanisch grinsend een Glas Rotwien in de Bibliothek bröchte, dat Alina in eenen Buddel göt, üm eventuell dat Gift-Gemixe de Kripo tokaumen to loten, denn wer wüsste denn, wat noch köm ...

Üm ehrt Eheleiden aftowennen, könn Alina sik enfach scheiden loten, aver se woll nie nich up dat Ünnerneähmen, de Aktien un de Villa verzichten. Also möt de beiden Feinde, Rudolf samt Beata weg! Se dachte dagelang irnsthaftig no, un fünn eene Lösung.

Schienbor ordnete se sik Rudolf ünner, löt sik ok von Beata belächeln un verspotten. De wör för twee Wäken in de Villa intogen un spälte all de Huusfro. Alina mök de Deenersche, kokte, un versorgte den Huushalt. Ehrt Riek wör de Köken. Se verhöl sik bäten ramdösig un blöde, de giftige Wien schöll jo Wirkung vörteuschen. Wenn Rudolf un Beata von de Jagd kömen, bröchten se Wildfleesch un Waldpilze mit.

Alina kokte köstliche Mohltieten. Se wör in fröhe Morntieten ünnerwägens in de Wälder, wo de Pilze stünnen, aver de intresseerten jo nich, se sochte den giftigen grönen Knollenblätterpilz. Se harr genau in een Pilzbook studeert, wie de Giftpilz utseecht, aver se mösste lange no em söken. Dat wör doch reinweg to'n Vertwiebeln, dat se em nich finnen könn!

Eenes Oktobermorns fünn se mehre Knollenblätterpilze ünner eene Buche. Se löt eenen Seufzer los: »Endlich!« Sorgsom schneer se twee Giftpilze af un nöhm de in ehren lüttjen Körv mit. Avends schöll dat Hirschbroern mit frischen Waldpilzen gäben. Dat schöll de leste Mohltiet för ehre Peiniger wäden, de ehr, Alina, langsom morden woll'n, aver se köm jem tovör. No de Pilz-Mohltiet schöll'n sik de Beiden endlich to'n Dübel scheeren!

De Hirschbroern un de Klöße stünn dampend un köstlich duftend up den festlichen Disch mit flackernden Kerzen, de sik in dree Wiengläser speegelten. Rudolf harr de Gläser mit Rotwien füllt, aver Alinas Glas kreegt eenen Wien ut eenen besonneren Buddel, as Alina in de Köken wör, üm de Pilzpanne to holen. »Och, herrlich Line, heste fein mokt! Kumm, drink mit us, wenn du schon nich mit us annen Disch sitten wullt!«, röp Rudolf un höl ehr dat Glas hen. Alina nippte bloß doran, keek de Beiden noch een Mol richtig in de Ogen, wünsch' jem »Goen

Appetit!« un innerlich eene satanische Höllenfohrt. Se nöhm ehrt Glas mit inne Köken. Nu könn se bloß noch töven. Alina rümte den Disch af, as de Beiden to'n Rooken in dat Kaminzimmer seeten.

Oh prima, se harrn de Pilze ratzekohl wegfuttert! De Wirkung köm siker bald.

Annen anneren Morn köm keener to'n Fröhstück. Rudolf klogte öber Dörfall un Öbelkeit, föhrte aver trotzdem noch in't Büro. Beata löt sik nich hören un Alina tövte gespannt as'n Flitzbogen, wat wieterhen passeerte. De Beiden harrn sik gans siker an de twee Giftpilze, de Alina mit de anneren Pilze fein afschmeckt, mit Ziepoln un Gewürzen schön broert harr, vergiftet.

Keuchend un schweetend köm Rudolf irst nomiddags no Huus, stört'glieks to'n Klo un mök önnig Lärm. Anschlutend wankte he in de Dusche, wat Alina as'n Jagdhund genau beobachtete. Se griente in sik rin un dachte koltblütig, dat Rudolf sik hart geevt, he woll de Sake eben so uttokurieren. Elendig keek he ut, as he ehr öbern Weg schleek. »Lot mi bloß in Ruhe, du dusseliget Wief!«, bläkte he ehr an. Dorbi harr se gor nix seggt! Aver dat kränkte Alina nich mehr.

Listig keek se em no, as he de Kammerdör opmök un achter sik toknallte. Se nöhm bloß een Wimmern wohr, dat siker von Beata köm. Aver man to. Je länger de Beiden nich in Behandlung kömen, desto eher güngen se doot!

Nachts köm mit Sirene een Krankenwogen anrauscht, twee Sanis un een Notdokter klingelten Störm. Alina schöt ut'n Bett hoch, löp innen Nachthemd an de Dör un mök jem open. Se wies jem Rudols Schlopzimmer. No'n Tietlang drögen se up twee Tragen twee fast lävlose, blasse Minschen innen Iiltempo ruut, schöben de in den Krankenwogen un af güng de wilde Fohrt!

Wedder mösste Alina öber twölf Stünnen töven! Endlich, endlich köm de Noricht ut'n Krankenhuus, dat Beata woll an vergifteten Pilzen storben wör, un Rudolf siker ok bald den Leepel afgeevt. Nix mehr könnten de Dokters för em do'n, weil de Matnohmen gegen de Vergiftung väl to lot kaumen wören. Rudolf harr lichtsinnig hannelt. Ob se as sine Ehefro em noch moll seh'n woll?

»Leever Gott, nää, ik kann dat nich!«, jammerte se all fast no Witwenart gans un gor glövwürdig. Kört dorno wör ok Rudolf up den Weg in dat höllische Fegefüer.

De Kripo köm in de Villa un stellten väle Frogen üm den Dot von Rudolf. De Beamten wollten genau wäten, wat dat mit dat Verhältnis von Rudolf un Beata up sik harr, wo he doch verheirotet wör. Alina geevt öber alles, wat se wüsste, Utkünfte. Dat zelebreerte se totol tragisch un tronenriek, as sik dat för eene junge Witwe gehörte. De Beamten mössten ehr sogor trösten!

As de Lieken freegäben wören, geevt dat för Rudolf eene Beerdigung mit dat vulle Brimborium.

Beata wör stillschwiegend in ehre tschechische Heimat brocht. Alina atmete deep dör, düsse Fälle wören afschloten! Ehr könn nix nowiest weern, se gelt'as unschuldig, weil de Beiden sülmst de Pilze, un tragischerwiese ok de tödlichen Knollenblätterpilze mitbrocht harrn. So stünn dat in den Polizeibericht. Tscha, man kann alle Pilze äten, aver manche bloß een Mol!

Alina wör eene lachende Witwe, weil se genau wüsste, wo ehr Rudolf liggen dö. As milljonenschwore Witwe harr se endlich ehrt Ideolgewicht!

Blinde Rachsucht

»Schluss! Aus Simone! Begriep dat endlich!«, ropt Florian, dreiht sik üm un lopt no'n Sportplatz hen. Simone schümt vör Wut. Dat eben wör ehr tweeter Versök, wedder mit Florian tohopen to kaumen, un wedder woll he nix mehr von ehr wäten! Dat kann doch nich wohr wäden!

Se, Simone, enzige Dochter von dat Rechtsanwalts-Ehepoor Reichenberg, de de beste Anwaltspraxis inne Stadt ehr egen nömt. Se, Simone, de sik alles leisten kann, un de schönste Deern von dat Gymnasium is. Worüm bloß hett he mit ehr Schluss mokt? Ehr steiht doch eene schöne, sorglose Tokunft bevör. Wenn se ehrt Abitur inne Taschen hett, dat siker goot utfallen deit, kann se in de besten Unis studeeren. Düssen Weg hett de Papa ehr all ebnet, weil he allerbeste Betehungen hett. Se well notürlich ok Anwältin weern, aver eene Top! Se well een egenet, groodet Huus hebben, schicke Autos un de nobelsten Kledaschen. Alles hett se plont, se well Huusangestellte beschäftigen, dormit se ok reisen kann. Se hett ehrt Läben in Vörrut bet in alle Details plont. Alles schöll wunnerschön weern. Dorvon drömt se, aver dorto fählt ehr Florian.

Florian, ehr Fründ, de sik enfach von ehr losseggt hett! Dat is doch unbegrieplich. Ehr, Simone, hett he kört un kolt mitdeelt, dat se nich tohopen passten.

Leste Wäke bi'n Äten in een düret Restaurant, to dat se em inlad' harr, schwärmte se em von een sorgloset Läben vör. Wenn he Inwände harr, löt se em gor nich to Wurt kaumen. Se meente, wenn se beiden moll verheirot wören, bruukte he nich to arbeiten, he schöll bloß för ehr dorwäden. Se harr sik so schön torecht mokt, harr ehre Schönheit noch mehr betont, aver he mök ehr nich een Mol Komplimente. Se hett em regelrecht anhimmelt, aver he höl sik torücht. Up een Mol stünn he up, legte eenen Geldschien up'm Disch, un seggte dütlich: »Simone, mit us beiden kann dat nix weern! Du lävst gans anners as ik. Un ik hebb annere Vörstellungen von minen tokünftigen Berop un min Läben! Du lässt mi jo nich een Mol to Wurt kaumen. Is di dat nie nich upfall'n? Ik bün nich mehr di'n Fründ un Hampelmann!«

Simone hett dat jümmer noch nich checkt, dat Florian nich mehr to ehr hört. Stännig grübelt se, worüm he sik von ehr losseggt hett. Hett he villicht eene annere? De Gedanke drift de Wut in ehr hoch. Dat is also de Grund! Worüm ans woll geevt he ehr den Loppass? Se stampt mit den Foot up un schimpt: »Keen Jung up düsse Welt mokt Schluss mit eene Simone Reichenberg! Ik bün de Klassenbeste un de Schönste. Ik kriege alles, wat ik will! Ik lot mi doch nich blameeren. Ik krieg di, Florian!«

Se süht Florian up den Sportplatz joggen, he is een Sportler dör un dör, hett eene Top-Figur, de swarte Mähne weiht innen Wind. He is ehr Dromboy, keene annere schall em kriegen, verdammt noch Mol! Simone ritt ehre Sportwogendör open, lett hastig den Motor an un suust luut dröhnend af.

Simone givt nich up. Se steiht annern avends wedder annen Sportplatz un tövt up Florian, de hier vörbi kaumen mutt. Dat duert un duert, aver endlich süht se em. Ehr Puls stigt an, as he up ehr tokummt. Oh, he süht goot ut! Mit 1.85 Meter wirkt he so sportlich un so sexy ... Se lächelt em entgegen in ehren swarten, neen Jumpsuit mit Goldgürtel. Ehre langen blonden Hoore weiht ehr licht öber dat Gesicht. Se weet, dat se up Jungens wirkt. As Florian dicht rankummt, mokt se ehre Arme open un well em an sik ranteh'n. He wehrt af, funkelt ehr wütend an un ropt: »Du kannst moken, wat du wullt! Du weeßt, mit us is dat endgültig to Enne!« He joggt an ehr vörbi un weg is he.

Simone lett de Arme hangen, se süht plötzlich alles in Grau ... Ehre schöne Welt klötert tohopen, dat dat richtig weh deit. Se steiht, un alles dreiht sik üm ehr, aver dütmoll gans anners, as se dat jümmer gewöhnt is. Dütmoll dreiht se sik gans alleen üm sik sülmst. So een Geföhl is ehr völlig frömd, gans schrecklich is dat! Se hört Stimmen. Vonnen Sportplatz her kaumt twee Deerns langsom up ehr to. Oh, de dröft ehr hier so nich seh'n, dat sünd jo Marion un Jutta, welke von ehre Fründinnen. Simone dreiht sik üm un geiht flott up ehren Sportwogen to, schmitt sik rin un suust mit Vullgas dröhnend af.

To Huus lett se sik up dat Bett fall'n, nu ward ehr ehre Schmach irst richtig bewusst, wo doch alle wät, dat se mit Florian faste tohopen is. Se fangt luut dat Huulen an un de Tronen lopt ehr egolweg de Wangen runner. So hett se noch nie blarrt. Se bruukte dat ok nich, weil se jümmer alles krägen hett, wat se bloß woll. Düsse Situatschon is völlig neet för ehr, weil se nich kennt, dat se wat nich kriggt. Tscha, un nu hett Florian ehr verloten, unvörstellbor! Wie steiht se nu bi de Fründinnen dor?

Sicherlich hett Florian all eene nee Fründin. Düsse Gedanke erzeugt in Simone bitterste Rachegelüste. Lange öberlegt se, wo se gewohr weern kann, wer sine Nee denn is.

Annerndags vertellt se ehre beste Fründin Nelly, dat se mit Florian Schluss mokt hett. De staunt nich schlecht, weil Simone von em jümmer in den höchsten Töne schwärmt hett, un nu mök se enfach Schluss, un em ok noch schlecht? Dor stimmt doch wat nich! Nelly frogt noch Mol no.

»Ik will em nich mehr, he is enfach gewöhnlich un totol uncool!« Insgeheim schwärmt Nelly all lange von Florian. Se mag em geern, väl to geern, aver weil he mit Simone tohopen wör, behöl se ehrt Geheimnis vör sik. Aver nu dörtüht ehr Hoffnung, wenn Simone em nich mehr well – villicht mag Florian ehr ok so geern, as se em mag.

Nelly beobachtet up'm Schoolhoff, un ok bi'n Ünnerricht, dat sik Simone un Florian totol ut'n Weg goht. Also hett se nu free Fohrt bi ehren Schwarm. Dat duert ok gor nich lange, un Nelly un Florian dräpt sik innen Iiscafe. Se verstoht sik jümmer bäter, beide verleevt sik ineenanner.

Eenes Dages, as se jüst händchenholend dör de Footgängerzone schlennert, kummt jem Simone entgegen. Alle Dree blievt stoh'n un Nelly begrüßt Simone, aver de givt keene Antwurt. Ehrt Gesicht is wutverzerrt, de ganse Schönheit is mit eenen Schlag weg. Se dreiht sik üm un ruscht af.

Nelly ahnt glieks, dat ehre Fründschap nu to Enne is. Ogenschienlich is ehr klor, dat Simone eifersüchtig is. Aver worüm denn bloß, wo se sik doch von Florian trennt hett? Se frogt em no Simone. Florian vertellt ehr de Wohrheit. »Du, ik hebb mi von Simone trennt, weil sik alles bloß jümmer üm ehr hanneln deit. Se is so öberflächlich, kann nich tohören. Ik köm nie to Wurt bi ehr, mösste moken, wat se woll. Mi'n Läben stell ik mi aver anners vör, dorüm hebb ik mi von ehr trennt.«

Simone is bitter enttäuscht. Ehre beste Fründin mit Florian! Dat is doch een Treuebruch sonnerglieken. Dat kann se nich hennähmen! Dat lett se sik nich gefallen! Se sinnt up Rache un Genogdoung. Wenn se de Beiden innen Gymnasium süht, bohrt böse Eifersucht in ehr. Un düt junge Glück deit ehr weh. Se hett dacht, Florian wör ehrt' persönliket Egentum. Un denn kummt Nelly üm de Ecke un nimmt em ehr weg! »Rache!«, ropt se. »Dat verlangt no Rache!«

Se steigert sik so in ehre Rachegelüste, dat se an nix anneret mehr denken kann. Se vergeigt eene wichtige Klausur no de annere, un schuld doran sünd bloß Nelly un Florian. Den Mathelehrer fallt up, dat Simone jümmer afwäsend innen Ünnerricht sitt. He well von ehr wäten worüm, well ehr hölpen. Aver Simone wehrt em gehässig af: »Ik hebb momentan eene Krise, de vergeiht. Ik mutt eenen Updrag erfüllen!«

Endlich süht se no langen Dagen ehren Updrag kaumen, weil se Nelly un Florian jümmer beobachtet. Se weet, dat de beiden jeden Avend dör den Park joggt un denn de Strooten no dat Iiscafe entlang lopt. Dat schall jem to'n Verhängnis weern! »Üm de Ecke bringen will ik jo, ji Luder! Eene Simone Reichenberg beleidigt un bedrügt man nich!«

Simone sett sik in ehren Sportwogen un tövt annen Strootenrand, bet se de beiden nebeneenanner joggend up de Stroote afbeegen süht. Se is totol uter sik, denkt nich n de Folgen von ehren schäbigen Plan. Se startet, ritt dat Lenkrad rüm un verfolgt de beiden Verleevten. Up eenmoll givt se Vullgas, dat de Motor luut uphuult un holt direkt von achtern up de beiden to. Florian dreiht sik verschreckt üm, ritt Nelly reflexortig an sik un denn springt se beide no de Siete weg, achter de dicken Böme un in den Kanal.

Se duukt sik, hört een fürchterlich berstendet Krachen, un glieks dorup eenen dumpfen, luuten Knall. Metalldeele flegt öber jem weg, un denn is Stille. Se klattert ut dat kneedeepe Water pitschnatt hoch un seet dat Schreckliche. Simone is mit ehren Wagen gegen den dicksten Bom knallt. Beiden is glieks klor, dat Simone jem ümbringen woll, aver se wören no de Siete sprungen un se harr den Bom erwischt. Swarter Rook fackelt ut de ingeditschte Kufferhube, grippt gefährlich üm sik in Richtung Tank. Florian ritt Nelly wedder mit sik runner in den Kanal. Eene gewaltige Explosion lett alles üm jem erzittern, un denn brennt dat Auto lichterlo. Beide stiegt totol verschreckt wedder de Böschung hoch, Florian grippt no si'n Handy un ropt 112 an. Se goht üm dat brennende Auto innen Afstand rüm, üm to kieken, ob se Simone ruutholen künnt. Aver dat Füer is so gewaltig, dat se nix moken künnt. Se kiekt erschüttert to, wie dat Auto afbrennt un mit em de Inhalt. As Krankenwagen un Füerwehr indräpt, gävt se erschüttert Utkunft.

No eene lange Wiele kummt een Polizist up jem to un nimmt jem ehre Utsagen to Protokoll. He drückt jem beide de Hänne un meent: »Wäst Se beide bloß foh, dat Se annen Läben bläben sünd! Se hebbt goot reageert. Simone Reichenberg hett sik ehren Dot gans alleen totoschrieben. Se hett sik sotoseggen glieks mit Sportwagen inäschern loten!«

Christians Rachefeldzug

Endlich gävt de Karken zögerlich to, dat ünner ehren Däkern Missbruuk an Kinnern bedräben wurn is. Besonners bedropen von düt schreckliche Hanneln, wat se öber sik ergoh'n loten mössten, wören väle katholische Messdeener, meist innen Kinnesöller. De jungen Minschen stünnen mit Leiden, Ängste un Schmerzen gans alleen dor, weil nich moll eher Öllern jem Glöben schenkt harrn. Kinnergebete hölpten nich, weil ok de liebe Gott weghört hett. Dat Schlimme is, dat sik ok vandage noch enige Pfarrer an Ministranten vergoht.

Düt entsetzliche Leiden hett ok Christian, 65 Johre olt, as Messdeener johrelang öber sik ergoh'n loten mösst. Sine strenggläbigen Öllern hebbt em as Sesjährigen in een katholischet Kinnerheim gäben, üm ut em eenen folgsomen, gottesfürchtigen Christenminschen to moken. Toirst hett he luut schreit, wenn de dicke Pfaffe no den Kinnergottesdeenst to em in de lüttje Kommer köm. Mit Gewalt hett düsse angävliche Gottesminsch em brutol missbruukt, jümmer wedder all de Johre. Christian hett foken versocht, aftohauen, se hebbt em jedet Mol erwischt. Un denn harr he Schläge un Ätenentzug to erwarten. Een Mol is he sogor as 15jähriger ut'n Finster sprungen, üm sik ümtobringen. Dorno köm he in de Psychiatrie. Dor wör he den schrecklichen Pfaffen los, aver dor köm dat noch schlimmer. He harr keenen Utgang mehr, dröft nich een Mol no Huus. Aver dor harr he ok keen Verlangen no, weil em de Öllern völlig frömd wören. He lävte johrelang in eene Enzelzelle, köm bloß to'n Äten in den Gemeenschaftsruum mit annere »Inhafteerten.« De seeten mit utdruckslosen Gesichtern un leeren Blicken annen langen Disch, keener seggte een Wurt. Christian nömte jem »Schwiegsame ohne Geföhle.« Üm Christian kümmerte sik een Pläger, de utseegt as Meister Propper ut de Werbung von Reinigungsmiddel. Jeden Avend köm he to em in de Zelle, hau em mit Gewalt den Inhalt von eene Sprütze in den Arm. Worüm, hett Christian nie erfohren. Dorno wör he schlapp un willenlos. Un so harr de Pläger ok lichtet Späl, em to mißbruuken. Christian harr jümmer Kählen annen Darm un dat bloer manchmol düchtig. Wenn he jammern dö, kreegt he eene Sprütze, de solange hülp, bet de Pläger nachts wedderköm.

Christian hett Erklärungen inne Zeitung lest: »Kirchlicher Kindesmissbrauch ist ein gewichtiges, moralisches Übel, und wird streng verfolgt.«

Totsächlich aver öbergivt de Karken Geistliche, de Kinner mißbruukt, nich an de Polizei. Se beropt sik dorbi enfach up dat Beichtgeheimnis. Also geiht de ganse Scheiße füdder, bet villicht moll in hunnert Johren dat Zölibat uphoben ward.

»De katholsche Karken mutt sik endlich de Welt stellen, so, as se würklich is!«, wetterte Christian vör sik hen. »Düsse Lug un Betrug un sik achter Gott verstäken, mutt endlich uphören! Gemeendemitglieder verteidigt ehren Pfaffen jümmer noch, ok wenn openlegt is, dat he des Kinndesmissbruuks all öberföhrt is.«

Christian sinnt up Rache un Genogdoung vör sik sülmst, dormit he endlich to Ruhe kummt. Lange hett he sowieso nich mehr to läben, he is schworkrank an Lief un Seele. He hett sik informeert un weet, dat de Pfaffe, de em missbruukt hett, no de lächerlich milde Bewährungsstrofe in eene Senioren-Residenz togen wör, un sine üppige Pension verlävte. He wör ok gewohr wurn, dat de Meister-Propper-Pläger een Sportstudio in eene Grootstadt leitete. De wör siker nie för dat bestroft wurn, wat he em ando'n hett. Christian harr Pläne, de he dörsetten woll, un bloß dorför lävte he noch.

Eenes Dages stünn he för sinen Peiniger in de noble Residenz. De ole Pfaffe könn sik nich an em erinnern, bet doch de Erleuchtung köm, wer de Gast wör. Do kreegt he dat mit de Angst to do'n, un woll no de Schwester klingeln, aver Christian schlög em up de fette Hand.

Schlotternd seet de widerliche Pfaffe innen Sessel. Christian stünn drohend öber em un zischte em to: »De Täter kann sich siner Schuld irst bewusst weern, wenn he Angst hett, sülmst een Opfer to weern! Ik hebb lehrt, Leid to erdrägen. Würds' du föhlen, wat ik föhlen mösste, dann würds' du ok luut schreiend tohopenbräken. Siehste, nu kriegt doch dat, wat du de Minschen vörbärt hest, eene gans annere Bedütung: »Und nun spricht der Herr, der dich geschaffen hat. Fürchte dich nicht, denn ich habe dich erlöst. Ich habe dich bei deinem Namen gerufen. Du bist mein.«- Un düt hest du bi mi wörtlich nohmen. Ik wör di'n Egentum! Dorför musst du büßen, un zwar sofort! Ik hebb nix mehr to verleeren, weil du mi kaputt mokt hest« Christian tögt eene dünne Drohtschlinge ut de Böxentasche, schlüng se den unglövsch kiekenden un schlotternden Pfaffen üm den körten Hals mit dat wabbelige Dubbelkin, un tögt körterhand heftig to, bet de in sik tohopensackte un keenen Mucks mehr von sik geevt. Christian tögt de Schlinge af un steek se wedder in. Tofräden lächelnd bekeek he sik noch een Mol den doden Swienegel, dreihte sik üm un verlot erlichtert flotten Schrittes de Residenz. Buten mösste he fix sine Medizin schlucken, weil de gräsigen Kählen sik wedder ankündigten.

Bevör he nix mehr könn, un jümmer schwächer wör, mösste he noch eenen Fall erledigen. Christian stünn sinen Peiniger Meister Propper in dessen Büro gegenöber. De dö so, as ob he si'n ehemaliget Opfer nich kennen dö, aver he mösste verdächtig mit de Ogen blinzeln. Christian höl em entgegen: »Erinnerst du di, du Satan? Du büst nich väl öller as ik, aver hest mi domols henrichtet. Mine Seele un mi'n Lief sünd kaputt. Manchet innen Läben kann man nich reparieren. Dat blivt kaputt, för jümmer! Du seggtest domols to mi: Geheult wird erst, wenn's stark blutet oder kaputt ist. Du erinnerst di?« Meister Propper well em beruhigen: »Wi künnt doch öber alles schnacken! Wullt du Geld?« He woll em eenen Korn anbeern, den he ut sine Köhlkammer achter dat Büro holen woll. In düssen Moment, as he de Dör openmök, schubste Christian em rin un löt de Sikerheitsklinke von buten inrasten. Meister Propper könn nich mehr ruut, weil de Ruum finsterlos wör. He kloppte un wetterte, dat Christian de Dör op moken schöll. De ropt: »Mok ik nich, du Satan! Ik will di'n Geld nich, ik will bloß di'n elendet Läben beenden, üm endlich Ruhe to finnen. Keener hölpt di ruut, keener is mehr hier. Dat is Wäkenenne, un bet Mondag büst du gans siker all inne Hölle, wo du henhörst!« Lachend güng he ruut, föhrte no Huus un günn' sik noch een Wäkenenne. Dorno nöhm he sine starken Schmerzmiddel mit een Glas Cognac up eenmoll in, un legte sik up dat Sofa. He harr sine weltlichen Pflichten endlich erfüllt!

Dat güng fürchterlich dorneben!

»Verdammich, jümmer meld'sik dat Handy, wenn ik ünner de Dusche stoh!«, schimpt Moni, gripp sik dat Handok, stigt ut de Duschwanne un rutscht mit de natten Föten up de glatten Fliesen ut. Aver se kann sik jüst noch annen Waschbecken fastholen, dorbi rammt se sik dat rechte Knee an den Ünnerschrank, dat ehr Steerns vör Ogen flammt. »Autsch!«, stöhnt se, langt no ehre Jeans un tüht dat Handy ut de Taschen. As se kört up de Anropnummer kikt, reageert se argerlich: »Minsch Mama! Du hest doch irst gistern anropen!«

»Ik woll jüst uplegen!«, mahnt de Mama vörwurfsvull.

Jümmer düsse ewigen Vorwürfe! »Wo wörst du denn all wedder?«

»Mama, ik hebb duscht, ik mutt glieks no Arbeit!«

»Deern, dat will ik gor nich wäten! Wo wörst du gistern Avend?«

»Ik wör äten bi'n Italiener!«

»Mit wem büste dor wäden?«

»Mama, du nervst! Damit du't weeßt, ik wör mit Dieter dor.« Mama stöhnt luer: »Deern, wat büst du blöde! Ik hebb di oft genog seggt, lot de Finger von düssen Miesling. De bedrügt di jümmer wedder, dat segge ik di. Glövst du würklich, dat he sik ännert hett? Wo lange wörst du denn mit em verheirot?«

Moni hört sik dat wutschnubend an: »Segg moll, worüm ropst du egentlich an?«

»Och jo, mine Bestellung inne Aftheken, wann bringst du mi de endlich? Udder meenst du, dat sik de gräsige Ratte in mine Garage von alleen entfernt?« Moni woll gehässig antwurten, aver se meent gemäßigt: »Ik bring di dat Rattengift hüte Avend her. Hebb ik all inne Taschen. Aver nu mutt ik los, Tschüss!«

Se mutt sik eben afrägen wägen den Arger un de dauernde Bevörmundung dör de Mama, ok wägen de Angst, dat Dieter ehr nich treu blivt. Se lett kört de Vergangenheit an sik vörbitehn, twölf Johre wören se verheirotet wäden, as se ehren Dieter mit eene blonde Fro in jem ehre Betten erwischt hett. Se wör so verletzt, wütend un trorig. Nie hett se glövt, wat vertellt wör: nämlich, dat sik Dieter all lange mit annere Froen vergnögte. As ehre Welt as eene Seepenblase platzen dö, schmeet se den untreuen Dieter ut de Wohnung. Dorno hett se nix mehr von em hört, johrelang nich, bet leste Wäke, as he plötzlich bi ehr klingelte, leidenschaftlich betüerte, dat he nich ohne ehr läben könn. He löt ehr Blomen schicken, röp jeden Dag twintig Mole an.

Gistern harr se em doch erhört un wör mit em bi'n Italiener äten. Och, dat wör so schön wäden! Dorno harrn se noch bi ehr Sekt drunken un he wör bi ehr bläben bet morns üm säben. Och, dat wör noch schöner wäden! Moni well geern, dat Dieter wedder bi ehr intüht, dorup hofft se düchtig. Se glövt, dat se ehren Dieter wedder vertroen kann.

Moni kikt up de Klocke: »Oh Schiet! Ik köm to lot!« Se stigt in ehre Saken, lopt dör de Wohnung, socht den Autoschlötel un sust af. Ehre Kollegen sünd all önnig in de groote Köken vonnen Restaurant »Goldener Kessel« annen Wirken, weil middags eene groode Saalgesellschap kummt, de Goll'ne Hochtiet fiern wüllt. Aver nebenbi kaumt jeden Dag mehr Gäste, üm innen »Goldenen Kessel« to spiesen, weil dat eenen gooten Ruf hett.

»Kummste hüte ok noch moll?«, röp ehr de Kollege entgegen un hölp ehr in ehren witten Kittel.

»De Chef is all gans nervös!«

»Du entschullige! Mine Mudder hett moll wedder nervt, weil ik mit Dieter wedder tohopen bün.«

»Moni, ik hoffe, du weeßt, wat du deist. Glövst du denn, dat he sik ännert hett?«»Och du! Lot mi doch in Ruhe!«, zischt Moni em liese to. Se is olt genog. Kener mutt ehr bevörmunden! Se hett dat satt, ok noch von em belehrt to weern. Se grippt sik dat Gemüse un arbeitet routineert as jümmer. Se hegt liese Zweifel wägen Dieter, aver se well unbedingt glöben, dat dat dütmoll got geiht. Dat düt een Neeanfang ward. Nää, de leste Nacht ... dat wör echt, sine Treueschwüre, sine Reue, sine Leeve, dat wör echt wäden! Gans siker hebbt se beide noch eene Chance!

Nu lopt aver dat Middagsgeschäft up Hochtouren, inne Köken is dat luer, heet un hektisch.

Moni hett för körte Tiet ehre Sorgen vergäten, aver denn kummt de Oberkellner direkt up ehr to un drückt ehr eenen Bestellbon inne Hand: »Twee Mol Zuppen för Disch Veer. Moni, weeßt du, dat di'n Dieter innen Gastruum sitt? Un he is nich alleen!« Verschwörerrisch kikt he ehr an.

»Dieter?« Monis Kopp flügt hoch, dat Hart klabastert, un de Mund ward ehr dröge. »Wo is he?« De Kellner kikt ehr mitleidig an un givt ehr noch eenen Bestellbon. »Disch Dree! Ok twee Mol de Zuppen as Vörspiese!«

Se knüllt de Bons krampfhaft tohopen un versocht, Haltung to bewohren. Villicht is alles harmlos un Dieter hett eenen Geschäftstermin mit eene Kollegin vonnen Büro. Aver trotzdem hett se liese Bedenken. Dieter weet nämlich nich, dat se vandage hier arbeitet, he weet, dat hüte ehr freer Dag is.

Se hett em nich vertellt, dat se hüte för eenen kranken Kollegen inspringt. Aver nää, alles is siker gans harmlos!

Ehr Mogen knippt düchtig, se geiht as in Trance an de Dör to'n Gastruum un starrt dor regelrecht rin. Doch, dor is he! He sitt sietlich anne Wand un se kann genau sine swarten Hoore, de sülberne Brill' up de verwegene Näse, un den körten Bort erkennen. He holt Händchen mit de blonde, frömde Fro!

Dat is dat leste, an dat sik Moni erinnert, bevör sik ehre Gedanken in graue Näbel verleert. In ehren Kopp wirbelt alles döreenanner. Se bewegt as'n Roboter. Dat enzige, wat se klor süht, sünd ehre Hänne, de ohne ehre Koppstüerung mechanisch füdder arbeitet. As up Watte geiht se an de Personolgarderobe. Ehre Hänne langt mechanich in ehre Handtasche un grabbelt dat Rattengift ruut, stäkt de Dose in de Kitteltasche. Inne Köken dot ehre Hönne dree von de lüttjen, in harmlosest Rosa glänzenden Pillchen in den Mörser un rievt se twei. Ehre Hänne richtet veer Portionen Zuppen an un verziert de Töller vör de Froen mit zierliche Rosen ut Salatblöer, de för de Keerls mit Petersiliensträußchen. De Hänne röhrt dat Giftpulber vörsichtig ünner eeen Petersiljen-Töller ünner.

Se winkt de Azubiene, de innen Service lehrt. »Bring düsse beiden Töller irst no Disch Veer, un de anneren no Disch Dree. De Keerls kriegt de mit Persiljen, klor?« Ehre Stimme versegt ehr fast, se zittert, ehr ward öbel un dat Hart kloppt wild. Se stört innen Nebelgeschwader, den bloß se süht, in de Toilette, weil sik ehr de Mogen ümdreihn well. Se brikt alles ruut, wat se bi sik ett. Dorno steiht se vörn Speegel un reinigt sik. Kohler Sweet glänzt up de Stirn. Se kann nich klor denken.

Dör den Nebel hört se ehre Kollegen luut ropen. Eener ritt de Waschruumdör open un bölkt: »Hier büst du! Kumm ruut, wi bruukt dine Hülpe. Een Gast is tohopensackt!«

He süht ehr Gesicht un verjogt sik: »Min Gott! Wo kikst du denn ut! Wat fehlt di denn?« He kummt ran un stützt se. Sine Fürsorglichkeit bewirkt, dat de dicke Nebel üm ehr rüm mit eenen Schlag weg is. De Kopp is wedder totol klor, un se weet, wat se do'n hett. Se is vullkaumen ruhig.

Dat Gift harr siker all wirkt, un de Rettungswagen kummt to lot. Dat lett upatmen, befreend. Se denkt nich an ehre Tokunft, se denkt bloß hämisch. dat se glieks heftige Troer heucheln mutt. Notürlich stellt de Gerichtsmediziner fast, dat Dieter vergiftet wurn is, weil he in si'n Bloot dat Rattengift fin'd.

De Mordkommission kummt siker dorup, wer Dieter ümbrocht hett. Siker kaumt se ehr up de mörderische Spor. Aver dat is ehr so wat von orschegol!

Se stürmt mit den Kollegen an Disch Dree - un dor verlüßt se alle Farf innen Gesicht. Se fot sik an de Böst - dat kann nich wäden, wat se süht! Dieter kikt ehr överrascht an. Schuldbewuust senkt he den Kopp un bringt keen Wurt ruut. Vonnen Nebendisch nimmt Moni lieset Weenen un Schluchzen wohr. Moni keek sik üm. Himmelischer Vadder! Se harr den verkehrten Keerl ümbrocht!

Dat hett sik nich lohnt!

»Frei, frei, frei - ik bün frei!«, schmettert Klaus Seybold luut ünner de Dusche. Dat Water rönnt em angenöm warm öbern Körper. He is in Hochstimmung, weil he seit gistern endlich scheed wurn is.

Sine Exfro Helga woll enfach nich in de Scheidung inwilligen. He is ehr gegenöber jümmer fieser wurn, indem he avens no Deenstschluss mit Kumpels lostögt, udder in't Fitness-Studio antodräpen wör. He dö ehr gegenöber kund, dat he Froen dräpen dö, wat jo ok so wör. He kikt sik all länger no geeignete Partnerinnen üm, de nich bloß Holt vör de Hütten, sonnern ok Kohle uppe Bank hebbt. Fro Helga hett weent, un em fast alles entschulligt. Se woll em unbedingt beholen, dat hett se em jümmer wedder seggt. Klaus aver, de utgebuffte, deels erfolgrieke Bankminsch, hett ehr foken utlacht. Leev hat hett he Helga nie, he hett ehr bloß heirot', weil se Geld mit in de Ehe brochte. As se schwanger wör, hett he ehr twungen, dat Kind aftodrieben. He drohte dormit, wenn se dat Kind beholen woll, löt he sik scheiden.

Klaus Seybold hett keene Geföhle vör annere Minschen, man bloß för sik sülmst. He is kolt un beräknent. As sine Helga em nich losloten woll, hett ehr knallhart in't Gesicht brüllt: »To'n lesten Mol: ik hebb di endgültig aus-ge-liebt!«

Helgas Geld wör verbruukt, dank Klaus' upwennigen Läbensstils. He föhrt eenen Sportwagen, drügt düre Kleedasche, geiht öfter no de Spälbank, in düre Restaurants, un Fitnessklamotten un Rennrad möt tohopen passen, he hett eenen Bootsführerschien mokt, un, un, un ...

Genussvull frotteert he sinen Prachtbody dröge un bekikt sik innen Speegel. Glatte brune Huut, Muskeln an de richtigen Stee, eenen kecken Hoorschnitt un stahlblaue Augen wiest em de Speegel.

Oh jo, he is mit sik tofräden! Fehlt nu bloß noch de vermögende Fro an sine Siete, denn he kann sik si'n utschweifendet Luxusläben alleen nich verdeenen. Aver wegen Froen hett he keene Probleme, so as Sonnyboy kann he an jeden Finger teihn hebben. Väle Wieber sünd scharp up em.

Dor is toirst sine Afdeelungsleiterin, de em mit de Ogen fast upfritt un em een Superwäkeneene to Tweet spendeert hett. Natürlich hett he se flachlegt, un wie, de wör jo rein narrisch no em, de kreeg nich genog! Leider harr se nich genog Geld, üm as nächste Fro Seybold in Betracht to kaumen. Also hett Klaus dat Verhältnis beend,' aver de Fro löt em nich in Ruhe. Se wör sine Stalkerin. Dat wör sowat von lästig för Klaus! Aver trotz all de Hindernisse harr he notürlich längst sine Föhler utstreckt, wat för em nich so schwor wör.

Enige Anleger harrn in de Bank, wo he beschäftigt wör, önnig Weertpapiere un dicke Konten. He harr sik heimlich moll Överblicke över düsse Kunden verschafft. He weet genau, wo he ansetten mutt, un eene Sake löp recht goot. Een Geschäftsmann mit Konten bi Klaus' Bank harr sik eene elegante Stadtvilla tolegt, un de Inweihung fierte he mit hoge Honoratioren von Wiet un Siet. Klaus hett sik drängelnderwiese anbor'n, as Vertreter von de Bank hentoföhren.

Dor wör he genau richtig, weil düsse Geschäftsmann twee ledige Döchter harr. Worüm de noch ledig wören, kreeg Klaus to wäten, as he jem ansichtig wör. »Du heiliger Bimbam!«, dachte he »Dat sünd jo Vogelscheuchen un Männerschrecke!« Aver charmant, as he sik verstellen kann, hett he mit Giselle, so nömte sik de Hübschere von de hässlichen Schwestern, den Avend verbrocht. Dorbi stellte sik ruut, dat Giselle un Nicole Twillingsschwestern wören ... Ehre Mudder wör bi jem ehre Geburt storben, lispel' Giselle.

»Kann ik verstoh'n!«, grinste Klaus innerlich. »De hett sik siker över de schrecklichen Fratzen verjogt!« Nicole wör een Utbund an Hässlichkeit, fünn Klaus. Ehr Oberkiefer stünn wiet vör, so dat se de Tähne jümmer blecken löt. Se harr een langet Peergesicht, dünne rode Hoore, väle Sömmersprossen und wör fast all mager an Gestalt. Uterdem harr se Schohe an, de an Kinnersärge denken löten. An ehr mök ok dat flaschengröne Modellkleed nix mehr wett.

Dorüm höl sik Klaus bloß an Giselle, de harr wenigsten 'n poor Pund mehr up de Rippen, dat Angesicht wör enigermoten antokieken, wenn man genog drunken harr. Se wör de Öllste, weil se twintig Minuten eher as Nicole to Welt köm. Se wör ok as tokünfige Chefin un Erbin von Papas Immobiliengeschäft hannelt.

Klaus kikt up sine Rolex, verdammt, wo is de Tiet hen! He sprützt sik bäten von dat düre Rükwater ünner de Arms un up de Böst, stigt gekonnt in sinen hellen Freetiet-Antog, stylt sine Mähne, stikt sine Mastercard in, de he vörher mit all sine bäten Reserven upfüllt harr. Man mutt jo wat vörstell'n, smitt sik elegant in den Sportwagen, den he up Raten föhrt, un bruust af. He hett eene Verafredung mit Giselle.

He parkt vör de Villa – wo is Giselle? Och, langsom stöckelt se de Treppen runner. Manno, nichmoll richtig goh'n kann se up de verwegenen High Heels! Notürlich stikt se in een düret Kostüm, dat siker eenen Monotslohn von Klaus verschlingen könn, wenn he sowat betohlen mösste. Klaus geiht ehr entgegen, nimmt ehren Arm un geleitet se to si'n Auto. Boben geiht de groode Huusdör open un de Huusherr winkt licht. Klaus mokt de rechte Autodör open un hölpt Giselle bi'n Instiegen. »Dat«, fallt em dorbi jüst in »hebb ik bi Helga niemols do'n! Wat'n för tokünftiget Geld nich allens deit!« De Ol boben nimmt dat siker as goet Teeken up, dat Klaus sik so höflich üm de Deern bemöht. He hett si'n Konto all twee Mole scharp öbertogen. He mutt sik schnellstens üm Giselle bemüh'n, dormit se sik in em verleevt.

He nickt den Olen to, stigt in un föhrt langsom de Upfohrt runner no de Strooten to.

Notürlich hett Giselle jem beide in dat düerste Restaurant to'n Äten anmeld'. As Klaus in de Spiesekorten ut Samt kikt, wat em flau inne

Mogengegend. De Priese haut eenen doch glatt vonnen edlen Leder-Stohl! Aver dor mutt he nu dör, köst dat, wat dat well! Un wenn he morn bloß noch Geld to'n Tanken hett.

De Ober süht ut as'n grooden Pinguin, hett een Pokergesicht, weil he nich eene Miene vertüht. He nimmt de Bestellungen up, priest diskret sinen düersten Wien an, jüst, as Klaus seggen woll, dat he geern een Water möchte, weil he Fohrer is.

Giselle schnattert as'n Gos, kichert blöde rüm un schient nich väl innen Kopp to hebben, uter Mode, Schohe un Taschen.

Klaus staunt dorober, weil he vörhett, mit ehr över Papas Geschäfte to schnacken. Se mutt doch von de Geschäfte wat verstoh'n, wenn se de villicht in körter Tiet övernehmen schall. He hett nämlich hört, dat de ole Hansen sik bald to Ruhe setten, un den Winter in Florida verbringen well. No jo, he mutt dranblieben an Giselle, dat is eben de Pries, den he betohlen mutt.

He betohlt dat sensatschonelle Menü grootortig, obwoll em innerlich to'n Kotzen is. Sine Mastercard is fast leddig wurn! He mag nich an de kaumende Tiet denken, weil he sik nix mehr erlauben kann, as bloß to Huus to blieben, un innen Glotzkassen to stieren. Unbedingt mutt he bi Giselle Gas geben!

Un dat deit he ok. He gesteiht glieks annen anneren Dag, as se sik wedder up si'n Drängen hen dräpt, sine groode Leev to ehr. »Giselle!«, säuselt he un strokelt ehren Nacken. »Ik bün rein narrisch no di! Mi'n Hart steiht in Flammen, ik kann nich mehr slopen, du klaust mi den Verstand! Segge mi, ob du mi ok bäten liern magst!«

Se gackert luer un gnickert albern, strikt sik ehre swartgefarften Hoore torücht un meent: »Och Klausi, notürlich mag ik di! Aver wat seggt bloß de Pappi dorto? Ik weet nich, ik schall eenen fähigen Keerl heiroten, de Pappis Geschäfte füddermokt. Ik glöve, he hett all eenen innen Visier!«

»Wullt du den denn etwa heiroten?«, frogt Klaus unglöwsch. »Wenn Pappi dat well, mok ik dat!«, quietscht Giselle un pudert sik de körte, dicke Näse. Klaus ward dat heet, wat schall he do'n?

Verflixte Situatschon ok! He mutt schneller wäden as de Konkurrent.

Inne Nacht schlopt Klaus schlecht, nich, weil he verleevt is, sonnern wo he dat bloß anstellen kann, an Giselles Pappi rantokaumen, un notürlich an dessen Vermögen. Denn bloß dorüm mokt he düsse ganse Aktschon, weil he Geld bruukt. Wegen Geld kann man ok eene dusselige Pute udder den Döbel heiroden.

Klaus nimmt annen nächsten Middag sinen Mot tohopen un ropt schneidig bi Schwiegervadder in spe an. De is erstaunt, hört aver to, wat Klaus si'n Anliggen denn is. »Hochverehrter Herr Hansen,

würden Sie mir gestatten, mir einen Besuch bei Ihnen zu erlauben? Es geht um Ihre Tochter Giselle. Ich muss gestehen, ich habe mich wahnsinnig in dieses süße Geschöpf verliebt. Darum möchte ich mit Ihnen sprechen, wenn Sie erlauben!« He hört irstmol nix, denn Räuspern un Atmen: »Herr Seybold? So heißen Sie doch? Tscha, das geht alles sehr schnell, mir zu schnell! Obwohl Giselle nur noch von Ihnen schwärmt. Eine wichtige Frage: Können Sie denn eine anspruchsvolle Frau wie Giselle auch ernähren?«

»Mit di'n Geld gans gewiss!«, denkt Klaus, seggt aver: »Herr Hansen, sicher kann ich das, sonst würde ich nicht bei Ihnen vorstellig werden wollen!«

»Na denn!«, meent Hansen. »Dann kommen Sie mal ... ja, heute Abend. Da habe ich nichts vor. Also gegen 19 Uhr. Abgemacht?«

»Danke, gerne!« Klaus kloppt sik up de Schenkel, dat hett klappt! He bewunnert sik sülmst wägen sine Tatkraft. He is doch'n doller Hecht!

Annen Avend steiht he pünktlich mit twee Rükerbüsche bewaffnet vör de Huusdör. De Huusdame bringt em in een imposantet Wohnzimmer. Alles hier binnen rükt no Geld! Klaus is bäten mulmig tomote, wenn he bloß doran denkt, hier eenmol de Chef to wäden. Aver irstmoll mutt he baggern, wat dat Tüg holt.

He ward begrüßt von Pappi Hansen un sine Döchter, de gnädig de Blomen entgegen nähmt. Alle nähmt Platz, un de Dree kiekt neeschierig den Klaus an. De steiht forsch up, mokt eenen deepen Deener un seggt to Pappi gewandt: »Herr Hansen, ich bin hier, weil ich Sie um die Hand Ihrer Tochter Giselle bitten möchte! Es ist mir mehr als ernst. Ich möchte sie sehr bald heiraten. Ich kann nicht mehr ohne sie leben.«

Innerlich seufzt he: »Dat güng mi jo goot öber de Lippen!« He tövt gespannt up Reaktschonen. De sünd man gans mau. De Ol' mustert em genau un öberlegt, Giselle gnickert, un Nicole sitt still dor un kikt Klaus vonne Siete an.

Am Enne kummt dorbi ruut, dat Klaus no Huus schickt ward, weil irstmoll de Familjenrot tagen un öber Heirot nodenken mutt.

Annen nächsten Dag besocht Klaus sinen Kumpel Robert, de eene Autowarkstatt si'n eegen nömt.

Klaus well Robert bitten, em Geld to lehnen, bet he heirot' hett. Denn schall he dat tweefach torücht kriegen, versprikt he un legt Robert sine Tokunft dor. Robert zögert, weil he den Hallodri Klaus kennt. Aver he well em een poor dusend Euro öberwiesen, aver he verlangt eenen Schuldschien. De Sake geiht klor.

För Klaus fangt eene herrlich upprägende Tiet an, alles lopt no Plan. Seit Mai is he mit Giselle verheirotet, lävt mit ehr in de groode Villa, un Pappi Hansen weiht em in de Immobiliengeschäfte in. Giselle well ok mitmoken, aver dat geiht gründlich inne Böxen, weil se schlichtweg to doof is. Ehr Pappi kann gor nich begriepen, dat se nix dorto lehrt hett. He hett ehr doch eene höhere Hannelsschoole betohlt! Tominnest kann se bäten englisch, aver dat wört' denn ok.

Nu steiht eene wichtige Verhandlung an, dor bereitet sik Pappi, Klaus un Giselle up vör. Alles is anstrengend. Eenes Morns kummt Pappi nich mehr hoch ut'n Bett. De Dokter kummt, un wiest em in eene Privatklinik in. Pappi Hansen hett eenen Hartinfarkt krägen. Au weiah, de fallt nu ut!

Klaus kriggt dat Fracksusen, he alleen mit Giselle annen Verhandlungsdisch? Dat trot he sik denn doch nich to. Aver wat is to moken? He zermartert sik si'n Gehirn, bet Nicole em anstöhtt: »Hey, wat is los, Schwager? Krigste dat nich hen morn?«, frogt se spöttisch. He verjogt sik, aver denkt glieks wedder real: »Ik schon, aver bi Geselle weet ik nich recht - sech moll, kanns du nich mitkaumen?« Nicole geiht ruut un ropt: »Bet morn froh, ik föhre!«

»Knallhartet Wiefstück, dat!«, grummelt Klaus. Aver he weet, dat Nicole klok un gewieft is, innen Gegensatz to ehre Schwester. Se is Bibliothekarin un bedrivt eene egene groode Bibliothek. Se hett sogor eenen Lehrstohl anne Uni. Se kann sik in veer Spraaken ünnerholen. Egentlich harr he ehr heiroden mösst, aver se wör jo nich de Immobilien-Erbin.

De Verhandlung wör bestens mit Nicoles Hülpe beend wurn. Alle wören tofräden. Ok Pappi, de in Kur wör. As he wedderköm, woll he nich mehr arbeiten. He wör doch geschwächt.

So güngen de Wäken dorhen, alles güng sinen Gang, aver Klaus is nich tofräden in sine Ehe. Giselle givt em nix, se is geföhlskolt. Se well bloß de neesten Modekollektionen, un arbeitet bloß no Lust un Luune innen Büro.

Pappi Hansen sitt meist breet un bräsig innen Arbeitszimmer un föddert Kontrolle von Klaus. Nää, dat is nich dat Läben, wat Klaus well. He geiht avends weg. Herrenabende, as he seggt.

He hett all wedder wat mit annere Fronslüe ingange, mokt hier een Schäperstündchen un moll dor. Aver he mutt vörsichtig wäden, ans verlüßt he si'n Arfdeel, wat gans beträchtlich is.

Mit de Tiet ward de Ol richtig gehässig to em, un Klaus antwurt em ok jümmer öfter frech. Ohnt de ole Sack, dat he sik annerwietig vergnögt? De Ol mutt weg, aver wie? Klaus mokt sik'n Kopp, wie he em bloß unupfällig in't Jenseitige beföddern kann.

De Gelegenheit beert sik för Klaus schneller as he denken kann. De Ol sitt innen Rullstohl boben up'm Flur. De beiden Froen sünd außerhüsig. De Ole well de Treppen runnerföhrn mit den Treppenlift, un befähligt Klaus luuthals, em dorin to hölpen. Wedderwillig grippt Klaus em kräftig ünner de Schullern. »Verdammig, is de ole Sack schwor!«

He hievt em an den Lift ran, kriggt up eenmoll eenen Geistesblitz - un stöt den Olen de lange, groote Treppen runner! De trudelt dumpf de Stufen dol, bet he ünnen still un gekrümmt liggen blivt. Klaus lopt achterher, üm fasttostell'n, ob he em in de Hölle schafft hett. He fot den Olen annen Hals, spört nix mehr, Bloot lopt den Olen ut'n Mund un bildet eene Pfütze. Klaus ropt »Juchhuu!«, lopt an't Telefon un ropt 112 an.

As alles vorbi is, de Beerdigung mit allem Drum un Dran, de Tronen von Nicole un Giselle, de Troergäste weg sünd, tövt Klaus feeberhaft ses Wäken lang up de Testaments-Eröffnung.

Dat is sowiet, de Anwalt brikt dat Siegel open un verläst den lesten Willen von Viktor Hansen.

Klaus ward schwindelig, he kann nich glöven, wat he nu hört. Is nich to foten! Em brikt de kohle Sweet ut!

»Mein Letzter Wille ist, dass meine zweitgeborene Tochter Nicole meinen gesamten Besitz und Vermögen erbt, einschließlich der Ferienhäuser. Der Grund ist dieser: Mein Schwiegersohn Klaus Seybold ist ein Blender, der sich heimtückisch die Ehe mit Giselle erschlichen hat, nur, um an mein Vermögen zu kommen. Daher setze ich Nicole ein, die überlegt handelt und über alles Bescheid weiß. Giselles Erbe wird sie solange verwalten, bis Giselle von Klaus Seybold geschieden ist. Mein Herr Schwiegersohn soll vollständig leer ausgehen!«

Dat Superwief

Heinrich von Biesewigs Geschäfte löpen goot. Alles wör innen Lot, he stünn kört för de Pension. Si'n Söhn, ebenfalls mit den Nomen Heinrich bedacht, harr erfolgriek mitarbeitet un schöll de nee Chef weern. Heinrich Senior un Fro Judith harrn vör, de Welt to bereisen. Aver bald stellte sik ruut, dat Fro Judith krank wör. Gans krank sogor, dat se bald an düsse Krankheit starben dö.

Heinrich Senior wör unendlich trorig un löt sik nirgends mehr seh'n. No Monoten harr he uttroert un kreegt wedder Lust annen Läben. Alleen woll he nich blieben, dorto wör he noch to agil. Diskret füng he an, sik no verwitweten Froen ümtokieken. De tokünftige Fro schöll jo ok öllersmäßig to em passen.

Aver no Monoten harr he jümmer noch nich de richtige funnen. Wo he ok hengüng, an Danz-Tees deelnöhm, udder Kurse belegen dö, he fünn nix Passendet vör sik. Entweder wören de Froen to jung udder to olt. Dat wör aver ok verflixt! Si'n Fründ geevt em den Rat, doch moll een Inserat uptogeben un sik dorin utsagekräftig to beschrieben. Dat mök he prompt un tövte, wat dorno passeerte.

Irstmoll nix, aver no dree Wäken kömen väle Breefe mit Fotos von partnerschaftswilligen Froen. Heinrich mök sik öber sine Post her, läste välverspräkende Breefe und bekeek interessante Froenfotos. Dat wören enfach toväl! Wovör schöll he sik denn bloß entscheiden? Nachts drömte he von Froen, de em anwollten.

In eenen Breef wör keen Foto dorbi, dat reizte em. De Fro, se beschreft' sik as temperamentvull, läbensfroh un treu, de woll he toirst dreepen. Se verafredeten sik in een noblet Lokal. Heinrich seet erwartungsvull mit eene Rose im Revers all twintig Minuten vör de Tiet dor un tövte gespannt up de Fro. Bäten nervös wör he jo, wat schöll he seggen, wenn se em nich gefallen dö?

Aver in düssen Moment köm se! Groot un schlank, mit langen swarten Locken un lüchtend brunen Ogen in een knallbuntet, langet Kleed gehüllt, mit klimpernden, sülbernen Ohringen un Armbändern köm se up em to.

Heinrich bleevt förmlich de Spucke weg! Si'n Hals wör schlagortig dröge! Dat wör se! Sine Dromfro! So wat Schönet wör em noch nie begegnet! He woll upstoh'n, aver de Beene knickten em weg. Se sett'sik em gegenöber, lang em de Hand röber un begröt'em mit eene upregende, rauchige Stimme, de em fast de Sinne nöhm. Em wör gans tüdelig innen Kopp, jüst so, as wenn hunnert Immen dorbinnen wören. »Mien Gott nochmoll«, dachte he »Lot mi vernünftig weern!«

De Wohnsinnsfro vertellte em, dat se Witwe wör, keene Kinner harr un all länger eenen Partner sochte. Heinrich kreegt to wäten, dat se man bloß eene lüttjet Inkaumen harr, aver dat nöhm he gor nich richtig wohr. He wör verleevt bet öber beide Ohren. Un wenn se gor nix harr – he harr jo genog to'n Läben för Twee!

Heinrichs Verleevtheit höl an, un ses Wäken loter tögt Sybilla, de Wohnsinnsfro, to em in de groote Villa. Se lävten up Wolke 7, föhrten up Krüzfohrtschäpe un hebbt in Johannisburg heirat'.

Anfangs harr Heinrichs Schwester groode Bedenken wegen de unbekannte Fro an sine Siete, weil keener wüßte, woher se köm, un weil se twintig Johre jünger wör as he. Aver Heinrich schlög de Bedenken innen Wind, ok, as de Kripo bi em upduukte un no eene Fro Brunhilde frögt.

Wat güng em dat an? Den Winter öber verbröchte dat Poor up Teneriffa in Heinrichs Ferienhuus.

Jeden Avend vör'n To-Bett-Goh'n mixte Sybilla eenen wunnervullen Früchte-Drink. Dorno wör Heinrich jedet Mol angenöm müde, aver dat gefüll em nich recht, weil he sine ehelichen Plichten nich nokaumen könn. Sybilla aver nöhm em enfach in ehre Arme un se slöpen gemeensom in.

As de Beiden innen nächsten Vörjohr wedder to Huus ankömen, wör Heinrich Junior mit Fro Eva anwesend. Se woll'n endlich moll Vadders nee

Fro kennenlehr'n. Heinrich Junior kreggt Steelogen, as he Sybilla ansichtig wör. Dat Hart rabasterte em innen Böstkassen, as Sybilla em lange inne Ogen keek, em de Hand drückte un em mit erotisch-rauchiger Stimme fast de Sinne vernebelte. Eva, wat sine Fro wör, nöhm em to Siete, dormit he wedder to sik köm. Se ohnte glieks de Gefohr, de von düsse geheimnisvulle Sybille utgüng. De könn Keerlsminschen üm den Verstand bringen. Den sülbigen harr se Schwiegervadder Heinrich all längst wegnohmen. He mök alles, wat se woll. Ohnehen schien Heinrich Senior ok schwach up de Beene to wäden, weil he sik öberall an fastholen dö. He grien'enfach verleevt, as Eva em no sinen Gesundheitstostand frögt: »Ik kriege von Sybilla de besten Säfte. Un de allerbeste Medizin is se sülmst för mi!«

Aver Eva wör in Alarmtostand, se harr markt, dat ok ehr Heinrich bäten wirre innen Kopp wör, wenn he Sybilla to Gesicht kreeg. Se tögen sik torücht von Schwiegervadder un sine Fro.

Wäken loter legt Evas Mudder innen Starven un Eva hülp ehr dör de swore Tiet, bet dat Enne denn gnädig köm.

Dorno köm Eva wedder no Huus torücht un bemarkte, dat sik ehr Heinrich verännert harr, un sik oft in Vadders Villa uphöl. Se güng de Sake no, un wör gewohr, dat Heinrich Senior mit'n Hartinfarkt inne Klinik, un Heinrich Junior bi Fro Sybille innen Bett legt.

Eva löt een Donnerwetter los, un ehr untreuer Heinrich geevt to Antwurt, dat he sik in Sybilla verleevt harr, un de Scheidung woll. Öber Eva brök de Welt tohopen, aver se wör nich Eva, wenn se nich eenen Utweg söken dö. Un den fünn se, indem se sik mit Heinrich Senior inne Klinik ünnerhöl'. Dor harr man faststellt, dat dat Bloot von den Patienten gefährlich verklävt wör. Uterdem leide he ok an Magen- un Darmproblemen. Man könn sik to Tiet noch nich erklären, woher dat köm.

As Heinrich Senior entloten wör, un to Huus anköm, wör sine Dromfro weg, un mit ehr ok väle Sporinlagen. Eva köm röber mit'n verhuul-

tet Gesicht un deel em mit, dat ok ehr Ehemann Heinrich unbekannt weg-
togen wör un de Scheidung woll.

Oh, dat Malheur wör groot! Heinrich Senior füll vonnen Globen af un up'm Stohl dol. Üm em brök ok de Welt tohopen. Sine Sybille – eene Betrügerin? Wat harr se vör? Ok Heinrich Junior schachmatt to setten un ok si'n Geld to klauen?

He füng an to zittern. Sine Leeve schlög urplötzlich in kole Wut üm. He röp de Polizei an wegen de Ereignisse. De Kripo schickte twee Fronsminschen, de üterst scharp ut de Ogen funkeln dö'n, as se de Geschichte to Kenntnis nöhmen, un all Bescheed wüßten öber de Heiratsschwindlerin mit Nomen Herta Knief, gebürtig ut Dortmund. »De Knief is utgebufft! Veer Mole hett se rieke Keerls verrückt mokt, Heiroten erschwinnelt, twee Ehemänner vergiftet, un önnig Geld insackt, weil se de Kontogewalten harr. Se ännerte jümmer ehre Upenthalte un Nomen, bet se no enigen Anzeigen upfällig wurn is. Man nömt se de swarte Witwe! Wi verfolgt ehre giftigen Sporen, weil ehr Upenthalt us bekannt is.«

Heinrich Senior dachte scharp no. He dachte an de köstlichen Drinks, de em »Sybille« jeden Avend serviert harr. Eenmoll hett he tokeeken, wie se de Drinks jümmer frisch tobereiten dö. Se nöhm eene Banane, eene halbe Grapefruit, een viertel Mango un twee Schnitzel grönen Paprika, mixte de twei, verdeel de Mischung in twee Kelche un füll dat Ganse mit Sekt up.

Dorno wör em meist jümmer bäten wunnerlich tomote un ok öfter öbel, worüm egentlich? Se drünk dat Tüg doch ok – ne Halt – meist nippte se bloß doran. Nu wör em klor, dat se woll heimlich ehr Glas utgoten harr! De Drinks wören nich koscher! In Gedanken güng he noch Mol alle Obstsorten dör, de se verwend'harr – bet up de Paprika – wören dat Paprika? Udder gröne Bohnen? Heinrich hol'sik Rat bi Google öber den Genuss von grönen Bohnen: *»Gekochte grüne Bohnen sind vollkommen unbedenklich und gesund. Roh jedoch reichen schon drei bis zehn grüne Bohnen für einen Erwachsenen aus, um innerhalb der nächsten Stunde schwerwiegende*

Vergiftungserscheinungen auszulösen. Das darin enthaltene Gift Phasin sorgt dafür, dass die roten Blutkörperchen verkleben. Dies kann zu Magen-Darm-Problemen führen, im Extremfall sogar zum Tod.«

Heinrich wör entsetzt, he wör innen lesten Moment den Dübel vonne Schüppen sprungen! Aver sin' Sohnemann Heinrich Junior wör in groter Gefohr! Den mösste he retten! Mit Hülpe vonne Kripo fünn'he ruut, wo sik de beiden uphölten.

Een dynamischer, upstrebender Mitarbeiter in Heinrich Juniors Firma güng den Deal mit Heinrich Senior in: he schaffte dat mit charmantet un grootortiget Gehabe, Sybillas Upmerksamkeit to kriegen. Sybilla dachte siker, dat se nu den größten Fisch an Land togen harr un löt alle Heinrichs Heinrich wäden, un nöhm sik een komfortablet Hotelzimmer.

De nee rieke groote Fisch güng mit ehr danzen, begleitete se in Boutiquen, betohlte Kleedaschen un Schmuck un loerte ehr to sik in sine Hotelsuite in. Dor drünken se sik mächtig eenen an mit Drinks ut sine Bar, bet ehr bald schlecht towege wör. He güng mit ehr ruut up de Straaten, se torkelten üm enige Ecken rüm, un denn röp he eene Taxe, drückte ehr fürsorglich noch den angefangenen Buddel mit Sektgemisch in den Arm, dreihte sik üm un güng vergnögt torücht. Wenn alles no Wunsch löp, wör em een dicker Lohn siker.

Un dat güng alles no Wunsch! Inne Bildzeitung stünn annen nächsten Dag: **»Selbstmord einer lang gesuchten Heiratsschwindlerin!** Herta Knief brachte sich in ihrem Penthous mit in Sekt gemischtem Gift um. Es wird angenommen, dass sie ihrer Verhaftung und ihrer sicher zu erwarteten lebenslangen Haftstrafe dadurch entgehen wollte.«

Heinrich Senior seet innen Sessel, löt erleichtert de Zeitung fallen, un seggte luut vör sik hen: »Nu bün ik wohrraftig de Witwer von de swarten Witwe!«

De Camping-Mörder

Endlich herrschte Ruhe up den grooden Campingpaltz anne See. Af Klocke Teihn mösste alles still wäden, ans wör dat to Schlopenstiet Ruhestörung. Jeden Avend üm Teihn mök de Campingwart dat groode Tor dicht, keener könn mehr rin un ok nich ruut.

Up'm Campingplatz stünn Telt an Telt, dat wör Ferjentiet un jeder Platz belegt. Af un tö löten sik liese Geräusche, Lachen un Kinnerblarren hören. Den gansen Dag öber wör grode Hitze wäden, weil de Sünne vonnen blauen Heben ohne Pause runnerheizt harr. De Düsternis harr sik langsom dolsenkt, un de Mond blinzelte dör Wulkenfetzen, de an em voröber tögen. Een lauer Wind streek öber den Campingplatz, de Blöer von Büsche un Hecken raschelten liese. De Nacht löste den heeten Dag af.

Aver de Nachtfreeden täuschte: dör de buschige, dicke Hecke stegt vörsichtig eene Gestalt, swart bekleedet, mit'n Rucksack up'm Puckel. De Minsch bleevt stoh'n, pirschte sik langsom un fast geräuschlos dör de schmalen Gänge twüschen de Telte, bleevt wedder reglos stoh'n, schleek gebückt füdder, löt af un to gans kört eene Taschenlampe upblitzen, jüst, as ob he een bestimmtet Telt sochte.

Väle Minuten lang schleek he dör de schmalen Wege an de Telte entlang, duckte sik weg, wenn sik wat rögte. Liese mök jemand sinen Teltutgang open, krabbelte ruut un sett'sik dorvör. De swarte Gestalt schleek sik as'n Schlange geräuschlos ran un beobachtete den Minschen, bet de wedder in sin Telt kröp. De Swarte robbte füdder un lüchtete up dat Wegeschild »Heckenweg.« De unheimliche Gestalt verlör sik, harr se sik achter dat groode Gebüsch annen Waschhuus verstäken-udder wör se weg?

De Mond blitzte bliek achter swarte Wolkenfetzen dör, un jüst in düssen Moment huulte eene Uhl schuerig un klogend dör den warmen Nachtwind – un plötzlich: een gellendet Geschrei klüng entsetzlich öber den Platz! Un noch een schrecklicher Angstschrei löt sik hören!

Denn wör dat dotenstill, aver no de Schrecksekunden wören fast alle Campingfründe ut'n Slop räten. Väle störten ut de Telte ruut, röpen sik wat to, un löpen wild ümher, as ob se wat söchten. Eene enzelne Schattengestalt huschte gebückt den »Heckenweg« lang, un verschwünd' in dat Telt, wo vörher de Keerl eenen Moment vör si'n Telt seeten harr . Een verschrecktet Wurt löt sik vernähmen, eene körte Rangelee un denn wör dat still.

Minuten loter wör up den Campingplatz allet in Upruhr. Mit Blaulicht rasten Polizeiautos an, dat Campingtor wör openmokt, un de Platz wör taghell utlüchtet. Uniformeerte löpen dör de Teltwege, röpen sik wat to. Een Camper harr dat Telt funnen, woruut de Schreie kaumen wören. He harr dat Telt openmokt, harr rinropen un denn harr he dat väle Bloot seh'n.

De Polizisten wören erschüttert. Twee Minschen legen up Teltbetten, een Keerl un eene Fro. Ünner de Betten sammelten sik Blootlachen. Beiden Minschen wören de Pulsadern längs opensnäen wurr'n. Lüütje Rinnsale drüppten noch an de Arme runner, de von de Bettkanten runnerhüngen. Een grusiget Bild! Bi beiden Minschen wör de Dot faststellt. Vör den tötlichen Aderlot wören se siker betäubt wurn.

De Söke no den Mörder begünn sofort. De ganse Ümgebung von den Campingplatz wör afsocht un ok glieks alle Straaten kontrolleert. De Mordkommission öbernöhm noch inne Nacht düssen Fall. De Ünnersökungen in un üm dat Mörder-Telt wören mit Hochdruck ingange, bet de Gerichtsmediziner de doten Minschen wegbringen löt. Bet to'n annern Vörmittag harr sik de Sake hentogen, nodem de meisten Campingfründe befrogt wören, aver de Anmeldungsliste mit de Nomen schöll noch een Mol dörgoh'n weern. Dorto schöll'n sik alle Camper annen Nomiddag in den Gemeenschaftssaal versammeln. Keener schöll bet dorhen den Platz verloten.

Enige Keerlsminschen beäugten sik misstroisch, hier könn praktisch jeder de Mörder wäden! De Polizei harr mitdeelt, dat se Schohsporen mit de Gröte 46 funnen harrn. Klor, nu keeken sik de Keerls notürlich up de ehre Schohe.

De polizeilichen Befrogungen bröchten keen Ergävnis. Aver Keerlsminschen mit Schohgröte 46 mössten enzeln antreern un een stichhaltiget Alibi vörwiesen. Dat hebbt se glieks könnt, weil ehre weiblichen Begleiterinnen neben jem innen Koje lägen hebbt.

Wer wör de Mörder? Wo wör he? Wat wör dat Tatmotiv? De Polizei güng dorvon ut, dat de Mörder sik no de Morde sofort entfernt harr, un längst öber alle Barge wör. Aver de Fahndung no enen Unbekannten mit Schohgröte 46 löp fieberhaft.

De Camper dröften sik wedder free bewägen, den Platz verloten, afreisen, nee kömen an. Dat normale Läben güng wedder sinen Gang. Aver välen Campern seet de Angst innen Nacken no de brutolen Morde. Hier wören se nich siker.

In dat Telt in den schmalen »Heckenweg« packte jemand in aller Ruhe sinen Rucksack. Sorgfältig wören een fast leddiger Ätherbuddel. een Chirurgenmesserin in een Dook inwickelt, ebenso een Poor Sportschohe Gröte 46. Doröber köm een Badedook un een Buddel mit Water.

De Schlopsack anne Eer wör bet bobenhen totogen, obwoll een Minsch dor binnen legt. Aver de Minsch wör dot. He wör toirst mit eenen Ätherdook, up de Näse gedrückt, betäubt wurn un denn wören em öber 150 ml Äther inflößt, de he dolschlucken mösste, bevör he endgültig wegsacken, un no Atemstillstand in't Nirvana entschwünn.

Düsse Minsch harr leider Pech hat, weil he jüst, as de Mörder sik vörbiducken woll, buten seet. So wör glieks de bruukbore Idee entstoh'n, no den geplonten Dubbelmord in düt Telt to blieben: irstens, weil hier bloß een Minsch wohnte, un tweetens, irst Mol den gansen Polizeitrubel afebben to loten. Dat Telt, wo de Morde stattfinnen schöll'n, wör den Mörder bekannt, weil he dat stünnenlang vörher utspioneert harr.

In düt Telt mit den Doten innen Schlopsack hett sik de Mörder för eene Tietlang siker föhlt, ohne uptofall'n. De keek sik in dat lüttje Telt üm un murmelte: »Camping is jowoll, wenn man de egene Verwohrlosung as Erholung empfinden deit!«

De Mörder woll sik schleunigst up den Weg no Huus moken, weil de Arbeit as Dokter innen Krankenhuus up em tövete. De Mordswut wör verruscht, weil de beiden Minschen, de em dat Läben kaputtmokt harrn, intwüschen siker inne Hölle ankaumen wören. De Mann harr sine Steef-Dochter brutal vergewaltigt un noher ümbrocht.

Johrelang harr he sine Fro bedrogen, dat gemeensome Huus verzockt, dat Bankkonto leddig mokt un wör no sine Geliebte togen, Vöher harr aver de Geliebte de Ehefro noch vergiften wollt, mit eenen Cocktail, anmischt mit Rottengift, as alle Dree tohopen seeten, üm enigermaten heel ut de Affäre to kaumen.

Aver de Ehefro hett Müse markt un ehr den Inhalt in't Gesicht plörrt. De beiden, de Geliebte un de Ehemann, hebbt hohnlachelnd dat Huus verloten. De Polizei harr den domoligen Mordfall an de Dochter von de Ehefro nich lösen könnt, weil dat Alibi felsenfast schiente, un weil dat keene Tügen geevt

De bedrogene un üm ehre Dochter troernde Fro harr domols bittere Rache schworen. Düt elende Poor schöll büßen, dat mösste endlich to'n Döbel schickt weern!

Dat alles güng den Mörder noch eenmol dor'n Kopp, bevör he goh'n woll. Een befrreendet Lächeln erhellte dat Gesicht. För düsse Campingmorde geevt dat keene Tügen.

To Huus ankaumen, güng dat ünner de Dusche, een starker Kaffee mit Genuss gedrunken un denn mök sik Fro Dokter fröhlich fleitschend in Schohgröte 38 up den Weg in't Krankenhuus!

De Döbel stikt in ehr!

»Se hett' all wedder do'n!«, jault de veerteihnjährige Catrin luer un fallt ehre Mama inne Arme. Leebevull drückt de ehre Deern an sik, bet dat Snuckern uphört. »Mama«, flüstert Catrin »so geiht nich füdder! Tante Thekla is'n Döbel. De sleit us beide noch kaputt! Wi möt hier wedder weg!« Mama Lilo bekikt sik dat Gesicht von Catrin, wo sik up de linke Siete een roder Striepen bildet.

»Lot us packen, Mama, un denn nix as weg!«, föddert de Deern. Mama Lilo beruhigt ehr: »Mi'n Schatz, hebb noch'n bäten Geduld. Ik lot mi wat infall'n, dormit us Beiden dat hier bald bäter geiht.

Wo schüllt wi denn hen? Wi hebbt doch nix as düsse Bliebe hier seit Papa verunglückt is, dat weeßt du doch.«

Lilo öberlegt jo längst, wo se bloß Herr öber ehre herrschsüchtige un gemeine Tante Thekla weern kann. Mannigmol hett se sogor Mordsgedanken, wo se de bösortige Thekla üm de Ecke bringen könnte. De Tante is gohbehinnert, fast negentig Johre olt, un jümmer noch Jungfro. Dat nimmt Lilo so an, weil Tante Thekla nie verheirotet wäden, un egolweg untofräden is.

Lilo un Catrin sünd ehre allerlesten Verwandten, de meisten sünd ohnehen längst doot, udder hebbt sik von Thekla dootargern loten. Se hett een groodet Huus arvt, un ok allerhand Geld von ehre Öllern. Dat is ehre Macht un de spält se vull ut.

As Lilo in Not köm, weil ehr Ehemann to Dode köm, un se nich wüßte, wohen, is se mit Dochter Catrin bi Tante Thekla ünnerkaumen. Beide dröft mietfree wohnen, aver dat is keen Honniglicken, weil se de Mägde von de garstigen Tante sünd. Jümmerto möt se to Stee wäden, wenn Tante Thekla jem befehligen deit, ok nachts. Nix kann'n den Drachen recht moken, jümmer meckert se luer.

Se is üterst gefährlich. Thekla is nämlich bewaffnet mit ehren Schlagstock, dat is de Handstock, den se jümmer bi sik hett. Mit dat Dings haut se to, wenn se wüterig is. Is ehr gans egol, ob se Lilo un Catrin innen Gesicht drüpt udder annen Lief. Achter jeden Schlag sitt soväl Kattuun, dat dat dagelang weh deit un roode Placken mokt.

Lilo mösste ehren Job upgäben, üm de Tante to versorgen. Catrin mutt de verhassten Tante vörläsen, wenn se vonne Schoole torügt is. Wenn se sik eenmol verläst, haut de Tante ehr mit'n Stock, aver Catrin duckt sik meistens weg.

Lilo mutt up de unbequeme Couch neben Tante Theklas Schlopzimmer schlopen, weil de dorup besteiht. Morns dot ehr de Knoken weh, wenn de Tante ehr Klocke fief wok bölkt. Denn well se heeten Kaffee, aver dalli!

Lilo hett noch nie een fründlichet Wurt un een Danke krägen, obwoll se sik so bemöht, fründlich to den olen Drachen to wäden. Nich mol dat Äten well sik Tante Thekla schmecken loten. Offmols schmitt se den vullen Töller vonnen Disch un haut mit ehren Stock up'm Disch, dat dat Geschirr twei geiht. Jümmer kikt de Tante ut as'n vergrellte Bulldogge. Ob se jemols lacht hett?

Gans schlimm is dat jedes Mol, wenn Lilo ehr bi'n Duschen hölpen mutt. Is nich to beschrieben! Grön un blau prügelt flüchtet sik Lilo natt un gedemütigt in de Köken to'n Weenen.

»De Tante is geistig gestört!«, denkt se un sinnt up Lösungen, üm den Drachen lostoweern. Worüm starvt de ole Döbel nich enfach annen Hartinfarkt, wenn de Wutanfälle kaumt un dat Bölken losgeiht?

De hett den Döbel in sik, ans wör se doch längst dotgoh'n. Lilo is doch keen Egentuum von de verrückte Tante! Dat well se ehr aver würklich moll klormoken, un wenn dat mit Gewalt is!

Dat passeert all annen nächsten Dag, as Tante Thekla goot versorgt no Waschen, Äten un Drinken, in ehren Sessel thront, mit den Schlagstock üm sik haut un mit schriller Stimme no Lilo bölkt, de glieks angestört kummt.

»Sofort hest du hier to wäden, du fuulet Deert! Ik bölk mi de Seel' ut'n Hals, un du öberhörst dat jümmer, du ulle Schlampe! Hölp mi moll hoch!« Lilo bückt sik, well de Arme üm de Tante leggen, üm ehr hoch toborn. In düssen Moment holt de gräsige Drachen to'n Schlag ut un haut ehr den Stock öbern Puckel, dat Lilo de Luft wegblivt.

Se fallt dol. As se hoch kummt, kreist de Schlagstock öber ehr, aver se kann no de Siete utweeken. De Tante schleit wild üm sik, bet ehr de Stock ut de Hand fallt. Lilo grippt dorno, holt ut, un haut dormit den Döbel öbern Dassel. De ritt de Ogen wiet open, röchelt fürchterlich, kippt schräge no vörn vonnen Sessel un haut mit'n Kopp schwor un dumpf up ehre kostbore, schwore Bodenvase. Up'm Buuk blivt se liggen, tuckt noch'n poor Mole, deit den lesten Seufzer un rögt sik nich mehr.

Faszineert bekikt Lilo dat Ereignis. Se sitt noch lange zitternd up'n Teppich un kann nich glöben, wat se süht. De Döbel is doot! Wat nu? Se mutt hanneln! Langsom steiht se up, alles is dodenstill - unheimlich! Se schudert sik, nimmt ehren Mot tohopen un bögt sik öber den Drachen. Een lüttjet Blootrinnsal drüppelt von de rechte Koppsiete, jo, de Drachen is erledigt!

Ohweihah ... is se nu eene Mörderin? Lilo kriggt dat mit de Angst, dat ehr de Hals eng ward. Nää, se hett nich mordet, dat wör Notwehr! Eenwandfree! Up eenmoll mutt Lilo luut lachen. Een richtiger Befreeungs-Lachkrampf schüddelt ehr.

To'n Glück is Catrin inne School, as Lilo den Huusdokter von Tante Thekla anropt un vertellt, wat vörfall'n is. De Dokter steiht jüst vör sine Pensioneerung-Fier, aver düssen Fall well he noch erledigen. He hett ok glieks den Bestatter benorichtigt, un de bringt den Sarg mit. De Dokter bekikt sik dat Malheur, un de Bestatter mit sinen Gehülpen mokt ehre Arbeit, indem se Tante Theklas nu friedvullen Körper insargt. De Dokter drückt si'n Beileid ut un verafscheed' sik mit düssen Wurten von Lilo: »Fro Thekla hett een hoget Öller erreicht, eenen Schwächeanfall krägen, is up de Vase knallt un is dorbi dotbläben. Günnt Se ehr den Fräden un troert Se nich so dull!«

Lilo atmet deep dör un seggt mit Öbertügung: »Jo, ik günne ehr de Ruhe, aver so wat von Harten!«

De gefährliche Döbels-Mudder

»Mi'n Gott Christa! Mok doch keenen Schiet!«, röp Johannes Wauters un bögte sik över sine Fründin. De seet annen Disch, reet de Ogen wiet open un röchelte wild. »Mudder, rop den Notdeenst an, nää, glieks den Krankenwagen!«, bölkte he sine Mudder luut to.

De seet stockstief annen Disch un bekeek sik dat Spektakel mit Christa. Denn stünn se gemächlich up, un röp de Notdienstnummer an. Johannes reet sine Fründin hoch, klopp'ehr düchtig up'm Puckel, aver dat hölp' nix, se röchelte noch lurder un stöhnte dorbi mächtig. He tögt se no dat Sofa hen, aver up een Mol sackte se in sik tohopen un mök keenen Mucks mehr. He drück'ehr up de Böst, woll ehr wedder beläben, as he den Notdeenst endlich hörte.

Eene Doktersche un twee Sanis stürmten in't Huus no dat Sofa ran, wo de rägungslose Christa legt. Se röpen se an, legten se up den Footbodden un hanteerten mit Gerätschaften an ehr rüm.

Een Sani schöv' Johannes in den Flur, dormit he ut'n Wege köm. He wör dermoten upgeregt, dat he mächtig zitterte. Wat wör mit Christa passeert? Wör ehr wat vonnen Äten innen Hals stäken bläben? He harr Christa to'n irsten Mol mit no Huus brocht, üm se de Mudder vörtostell'n. He meen' dat irnst mit ehr, he woll se ok heiroden, wenn Mudder endlich ehrt OK gäben harr.

Mudder un he harrn eene Bueree ingange mit twintig Keihe, Jungveh, Höhner un Anten. Ackerland un Weiden. Een Arntehölper, de ok de Melker wör, wohnte in dat Frömdenzimmer ünnern Daak. Se wören Sülmstversorger, köften fast nix to. Mudder wör sporsom un legte jeden Cent up de hoge Kante för schlechte Tieten.

Johannes' Vadder legt all lange up'm Karkhoff, wör annen Hartinfarkt to Dode kaumen. Johannes wör dat enzige Kind bläben, un he wör Mudders Een un Allet.

Johrelang lävten beide in Fräden tohopen, weil Johannes alles dö, wat Mudder woll. As he de Dartig erriekt harr, woll he ok utgohn un sik no Deerns ümkieken. Jedet Mol knurrte Mudder, dat he unnütz dat Geld ruutschmeet.

Eenes Sönndags bröchte Johannes de kesse Kitti mit no Huus, de all väle Erfohrungen mit Keerls mokt harr. Se danzte förmlich in ehrt bunte Sömmerkleed sülmsbewusst up Johannes' Mudder to, de totol öberrascht wör. Düsse Deern köm för ehren Jung öberhaupt nich in Froge! Se hett de freche Deern mit scharpe Würter baldigst wegekelt.

Kitti harr dat gefall'n, as Buersfro hier intoteh'n, aver innen Huuse mösste dringend renoveert weern. Dat harr se Johannes glieks no den irsten Besök seggt. Aver denn wör jo Schluss mit Kitti.

He wör wedder mit Mudder alleene, bet em de Hafer steek. He güng heimlich ut un lehrte Kathrin kennen. Dat wör 'ne feine, enfache Deern, de nöhm he mit no Huus.

Aver Mudder wör ok gegen ehr, se woll keene Fro innnen Huuse hebben. So güngen de Monote dorhen, bet eenes Dages eene öllere Fro up den Buernhoff anköm, un no Johannes verlangte. Mudder wies'ehr af: »Johannes is nich dor! Mokt Se, dat Se weg kaumt!« De Fro bote sik risch för Mudder Wauters up:

»Se hebbt mine Dochder Katrin unglücklich mokt. De hett sik so in Johannes verleevt. Worüm lot Se de beiden nich tohopen kaumen?«

»Johannes bruukt keene Fro, he hett mi!«, herrschte Mudder de Fro an. De schlögt torücht mit düssen Wurten: »Se sünd so brutal! Johannes hett een Anrecht up sin'Läben. Se sünd doch as de Bibel – olt un verstövt! Se fallt ganz siker ünner de Muulkörvplicht, Se ulle Dragoner!«

No düssen Vörfall kehrte endlich Ruhe in, bet Johannes Christa kennenlehrte. Mudder füll ut allen Wulken, weil se dachte, dat Johannes keen Intresse mehr an Wieber harr. Se willigte in, he schöll man sine Fründin mitbringen. De woll se up eene deftige Art klormoken, dat se hier nich willkommen wör. Se hett eenen schönen Swiensbroern mokt mit Soße, de dat in sik harr: nämlich Deele von fein geraspelte Fingerhotstängel. De roe Fingerhot bleihte jedet Johr achtern innen Goern. Nu könn he moll sinen Zweck erfüllen.

Mudder wüsste genau, dat Johannes keene Soße eet, un se sülmst woll sik woll wohren. Christa hett herzhaftig tolangt, fünn de Soße grootortig un nöhm noch moll no. Up eenmoll wör ehr schlecht towäge, ehr wör schwinnelig un dat Hart raste as verrückt, un denn kippte se weg.

Christa mösste twee Wäken innen Krankenhuus liggen. De Dokter harr irgendwelke Giftstoffe in ehren Körper faststellt, de ünner annerem mit Kohletabletten behannelt wören, üm se denn uttodrieben.

Christa wör noch Mol den Döbel vonn Schüppen hüppt. Lange föhlte se sik schlapp un elend. Dat harr se gans siker Johannes' Mudder to verdanken. Dat Beest harr de Soße vergiftet! Dat wör Christa klor. Se hett versocht, mit Johannes dorober to schnacken, aver he wehrte heftig af un nöhm sine Mudder in Schutz. Christa woll dorno Anzeige erstatten, aver Johannes hett ehr instännig bitt', dat nich to do'n. He hett sik nich mehr üm Christa bemöht, dat Verhältnis wör beend'.

Christas Körper harr Schaden nohmen von dat Gift. Se könn ehrt Läben nich so füdderföhren, as se dat vörher gewöhnt wör. Se sünn lange up Rache an Johannes' Mudder. De Döbel wör höchst gefährlich för alle Froen! De mösste weg! Christa harr eene Mordswut innen Buuk.

Endlich harr se eenen Plan, de Döbels-Mudder uter Gefecht to setten. Se föhr'mit den Bus bet in dat Dörp un güng to Foot up dat Wautersche Anwesen to. Se klingete, de Huusdör stünn wiet open, keener köm. Dat wör jo merkwürdig, weil ans de Dör jümmer verschloten wör, as se dat noch kenn'. Resolut marschierte se dör den Flur inne Köken. Keener wör dor, se güng dör de Schlopzimmer, wo wör de Dübels-Mudder bloß? Ehr wör mulmig to Mote. Se harr inne Manteltaschen dat dünne

Draht-Seil, dat se mit eene Hand ümklammerte. Motig güng se füdder bet in de Waschköken. Och du leeber Gott!

Blotöbersrömt mit kaputten Schädel legt de Döbel vör den Waschketel un rögte sik nich, as Christa ehr anröp. Se keek genau hen, ohne wat antofoten. Dat Bloot wör noch gans frisch - wör de Mörder noch hier? Se keek sik wild üm, un wünschte sik teihn Kilometer wiet weg. Rückwärts un vörsichtig güng se weg. Se mösst' dorup achten, bloß nich in de Blootsprützer to pedden. An de Huusdör dreihte se sik üm un geevt önnig Hackengas, bloß weg.

Up eenmoll raschelte dat achtern Busch up den Weg no de Bushaltesteer. Eene junge Fro sprüng ruut un löp weg. Wör se de Mörderin?

Christa mök sik Gedanken, bet de Bus köm. Bloß weg! Se löt sik in den Sitz fall'n un keek sik vörsichtig üm. Se reet de Ogen open, keek de june Fro an, de ehr gegenöber seet. De Fro keek ehr genauso verschreckt an. Beide seeten un keeken, aver keene seggte wat. De junge Fro drögt üm den Hals eene Keeden mit eenen Anhänger. Dorup wör de Name »Kathrin« ingraveert. Bevör Christa utstegt, nickte se de Fro lächelnd to. De nickkoppte lächelnd torücht.

De gefährliche Sittenstrolch

Exibitionisten sünd meistens Keerlsminschen, de sik inne Öffentlichkeit sotoseggen vör frömden Minschen entblößt. Entweder riet se geern ehren Mantel open, ünner den se nackig sünd, wenn Fronsminschen an jem vörobergoht, annere lot sogor ehre Böxen fallen, wiest sik ünnenrüm nackt. Ziele von düsse Sittenstrolche sünd meistens, Minschen to verschrecken. Dör de Ängste un Schrecken von Opfern holt se sik ehre sexuelle Befreedigung.

So een Sittenstrolch repareert woll dormit si'n kaputtet Ego. Een Minsch, de sowat nödig hett, hett siker eene sexuelle Präferenzstörung. Düsse Minsch well Upmarksomkeit erregen. He well Anerkennung un Bewunnerung, weil he dat bloß so to kriegen hofft. Am besten wör so een Minsch bi'n Seelenklemptner uphoben, aver dor geiht so eener nich freewillig hen.

Een Keerlsminsch in mittleren Johren stünn een Mol inne Footgängerzone. Jüst in den Moment, as eene junge Deern an em vörobergüng, reet he sinen Mantel open un wies' sik ehr ohne allet. De Deern keek verdutzt, grinste em an, un röp innen Vörobergoh'n: »Oh, Trench open? Neue Sportart?«

De Strolch klappte sinen Mantel to un stellte sik annen Parkplatz up Luer. Eene Fro köm mit vullen Inkopstaschen in beide Hänne bi ehren Wagen an un stellte de Saken af. In düssen Moment sprüng dat Swienjack von Strolch vör ehr hen un entblößte sik. De Fro smeet eenen körten Blick up si'n Deel, klatschte in de Hänne un röp: »Och, nu weet ik, wat ik vergäten hebb! De Shrimps!«

Wör jo würklich klor, dat em düsse Reaktschon gor nich befreedigt hett, weil no düsse Aktschon si'n bestet Stück bloß noch een kläglichet Gebammsel wör.

He hett denn sinen »Standort« inne Nöchte von de Schoole verlegt. Ok dor harr he keenen Erfolg, weil de Jugendlichen meist in Gruppen no Schoolschluss weggüngen. De Deerns gnickerten öber em, wenn he sinen Mantel openslögt. Eene lüttje Blonde gefüll em besonners, he kreegt bald ruut, dat se den langen Weg annen Sportplatz entlang alleene no Huus güng. Ungefeer twee Mole inne Wäke hett he ehr Angst injogt, wenn he ehr ut'n Gebüsch entgegensprüng, eenn Mol sogor ohne Böxen. De Deern löp glieks weg, as se em ansichtig wör. Intschüschen harr se ehre Mudder, eene Sportlehrerin, von den halvnackten Keerl vertellt. De Deern nöhm nu eenen anneren Weg.

De Mudder walkte jeden Dag vörmiddags un nomiddags up den Weg annen Sportplatz. Se kreegt den Keerl nich to seh'n. Aver se geevt nich up, jeden Avend joggte se, un traineerte anslutend annen Sportplatz mit ehre Jonglierkeule. De Weg wör enigermaten goot frequenteert, so wör se nich alleen. De Keerl dreevt siker annerswo si'n Unwäsen, schade! Se harr em geern moll dropen.

Eenes Morns, se harr ehren freen Dag, un ehre blonden Hoore to eenen Peerschwanz bunnen, joggte se wedder up den Sportplatzweg los. De Jonglierkeule harr se ünnern Arm klemmt, weil se jeden Dag dormit övte. Wat se aver nich wäten könn: de Sittenstrolch harr ehr all länger in't Visier nohmen. Em güng richtig eener af, wenn he ehr achter de Büsche bi'n Training mit de Keule beobachten dö. Mann, dat wör een Wief! De udder keene! Se schöll si'n nächstet Opfer weern.

Erwartungsvull bäbernd stünn he innen Gebüsch, as se angejoggt köm. Hechelnd sprüng he ehr för de Föten un rett sinen Mantel open. Överrascht un keuchend bremste se, rutschte no de Siete weg.

He woll no ehr griepen, se sprüng hoch, greep no ehre Keule, hau'em dormit up sinen Arm un löp weg. He jaulte up un flitzte achter ehr her. He wör uter Rand un Band, so schöll dat nich enden. Se bleevt up eenmoll stoh'n, de Keule innen Anschlag. »Du Schlampe! Dat schasste büßen!« schümte he un greep ehr an. Se löt de Keule mit eenen Schlag up sine Schuller krachen, dat he uphuulte as'n sibirischer Steppenwolf. In ehr kokte de Wut hoch, se holte to'n nächsten Schlag ut, aver he duckte sik un rönn'weg. Se achterran mit Schimpen un Keule. Twee Spazeergänger sprüngen no de Siete un keeken verwunnert achter dat seltsame Gespann her, dat innen Affenzahn dorhen raste. Plötzlich störte he lang hen. Se köm keuchend angesuust, un bekeek sik dat Malheur. He stünn vörsichtig up, se kreegt eenen Lachanfall, bet ehr dat Zwerchfell weh dö. Dat wör jo ok to grotesk: he wör öber sine Böxenbeene stolpert, weil dör den openen Gürtel de Böx bi'n Lopen no ünnen rutscht wör! He wör ünnen totol ohne! He gerorte in Wut, as se so luut lachte. Un denn schimpte se em as Exibitionisten vonne öbelsten Sorte, weil he Schoolkinner belästigt harr. He woll up ehr los, aver se löt em noch een Mol ehre Keule heftig up'm Mors susen. Dat wör si'n Enne as Sittenstrolch, he güng in de Knee. Intwüschen harr een annerer Jogger mit si'n Handy de Polizei ropen un de nöhm em glieks mit in Gewohrsom.

Loterhen bi de Gerichtsverhandlung, as de blonde Sportlehrerin as Tügin utseggt harr, wören Handybiller von den nackten Keerl upduukt. De Richterin griente un meente biläufig: »Das ganze Verfahren sollte doch eigentlich wegen Geringfügigkeit eingestellt werden!« De blonde Sportlehrerin mösste önnig no Luft schnappen, as se den Richterin-Satz hörte. Empörung un Wut löt ehr luer ropen: »Fro Richterin, dat is doch egol, ob de Penis lütt udder groot wör – so een Beläfnis lett Kinner in Angst un Bange läben! Dat is doch totol beschäten, dat solke Belävnisse jem dat ganse Läben lang nohangt un jem sogor de Läbensfreide vermiesen kann! Solke Leiden mösste man up den Täter öberdrägen künnen! Täter gehört nich freegesproken, Täter gehört in't Gefängnis!«

De gemeinen Schwestern

Mona un Lisa sünd Twillingsschwestern innen Öller von 42 Johren. Se sünd sik gor nich ähnlich, Mona is temperamentvull, ünnernähmungslustig, hett eene lange schwarte Mähne, de se bet wiet öber de Schullern wallen lett. Lisa dorgegen is torüchtholend, schwiegsam, hett langet blondet Haar, dat se meist as braven Zopf drügt. Trotz düsse Verschiedenheit von de Schwestern hebbt se gooden Kontakt miteenann

Dat is wedder sowiet, un Mona sitt pünktlich an den Stammdisch un tövt up Lisa. Nervös kikt se up ehre goll'ne Armbanduhr, een Geschenk von ehren Ehemann Dieter. Seit 20 Johren ist Mona mit Dieter verheirot'. Von Monas Siete ut is de Ehe gor nich glücklich, weil Dieter afsolut nich ehr Traummann is. Se hett em bloß ehelicht, weil he Besitter von dat exklusivste un traditionelle Juweleergeschäft inne Stadt is. Bloß dör düsse Heirot is ehr dat möglich, nich arbeiten to möten. Dat erschien ehr wesentlich bäter, as ehre Jugendliebe Robert to heiroten, weil de ehr een solket Läben in Riektum nich beern könn. Also geevt se em domols den Loppass. Robert wör notürlich böse un totol enttäuscht von Mona, se harrn jo all von Heirot drömt. Aver Mona hett sik harthartig un beräknent von em trennt.

Tscha, un nu hett se de Bescheerung, weil Dieter sik mit sine junge Angestellte Jasmin vergnögt. Un nich bloß mit de, he is een Casanova, de achter junge Froen her is. As se dat gewohr wör, kreegt se eenen Tobsuchts-Anfall. Dieter aver meente lässig: »Weeßte, leebe Mona, ik bruuk af un to Frischfleesch. Du büst öber veertig un nich mehr so knackig ... een Keerl bruukt mol wat Frischet twüschendör.« Mona holt deep Luft un antwurtet ebenso lässig:»Dieter, wenn Schönheitsschlop bi di wirken schall, musst du siker din ganset Läben lang schlopen! Aver du kannst jo hervorragend mit di'n Gesicht verhüten!«

Mona hett nie Kinner wollt, dor hett se vör uppasst. Se woll sik doch nich ehre Figur ruineern!

Se kikt wedder up de Uhr, wo blivt denn Lisa bloß? Ungedullig kloppt Mona mit ehre Ringe up de Dischplatte. Hett Lisa sik etwa von ehren Göttergatten Willi den Utgang verbeern loten? Dat süht ehr ähnlich! Willi wör domols Lisas groote Leeve, un de beiden hebbt vör 22 Johren schnell heirot. Willi hett een grootet Fuhrgeschäft, dat he jümmer mehr utbot.

Lisa arbeit von to Huus ut innen Büro un nimmt Willi dormit väl Arbeit mit de Logistik af. Lohn kriggt se dorvör nich, se mutt Willi üm jeden Euro frogen. He holt ehr kört, he süht nich geern, wenn se alleen utgeiht. Willi is eifersüchtig. He süht Lisa as si'n Egentum an, keen annerer schall ehr ankieken. Se is sine schöne, blonde un gefügige Fro.

Endlich kummt Lisa in dat Cafe an. Se lett sik näben Mona up dat Polster fallen. »Du sühst jo fix un fertig ut, Lisa!«, stellt Mona fast. »Du, dat musst du ännern! Dat Läben besteiht nich bloß ut Arbeit – kiek mi an, Lisa!« Mona lächelt de Schwester to. Lisa nickt un lächelt trorig: »Du büst ut annern Holt schnitzt, Schwester! Ik kann mi enfach nich dörsetten gegen Willi! He well unbedingt een Kind mit mi, aver dat well enfach nich klappen.«

»Wer weet, woför dat goot is!«, sinneert Mona.

»Lisa, wi beide sitt as innen Gefängnis in use Ehen! Du büst unglücklich mit Willi, un ik bün untofräden mit Dieter. Dat möt wi bald ännern. Lot di ok moll wat infallen, wo du dinen Willi los warst. Ik denk all länger öber mi'n Ehe-Aus mit Dieter no!«

Lisa kikt ängstlich: »Ehe-Aus? Wo schall dat denn goh'n? Denn sitt bi beide arm as de Karkenmüse up de Straaten.« Mona grinst achterhältig: »Dat Ehe-Aus mutt bedüten, dat dat denn mit Dieter-Aus, un Willi-Aus is, versteihste? Een anstänniger Mann starvt mit 50, dormit sine Fro noch wat vonnen Läben hett. Deit he dat nich, mutt'n nohölpen. Ole Keerls süns as Autoreifen, entweder affföhrt, udder profillos. Weeßte

Lisa, min Dieter mutt sik sine Fehler gor nich marken, dorför hett he jo mi – un ik vergät nie! Weeßt du, wat he to mi an minen 40. Geburtsdag seggt hett? Gratoleere, nu büst du genauso olt wurn, as du all jümmer utseh'n hest! Froen goht nie wütend to Bett. Se blievt wak un plant ehre Rache! Lisa, un ik denke all lange, dat ik wat Önniget mit di tohopen planen kann, üm use Keerls üm de Ecke to bringen.«

»Mona, üm Himmels Willen! Wi sünd doch keene Mörderinnen!« Lisa is entsetzt.

Mona beschwichtigt glieks: »Wi sünd keene Mörderinnen, gans gewiss nich! De Keerls möt sik sülmst ümbringen. Wenn dat gelingt, sünd wi troernde Witwen, un de Erbinnen von use Verblichenen. Froen stoht up doote Männer mit Kohle. Wenn wi denn endlich free sünd, fangt dat Läben doch irst an! Segg, wat denkst du?«

Lisa kikt as'n kaputtet Auto un versteiht gor nix. »Wat genau hest du denn vör, Mona?« Dat Mona-Lisa-Gespann rückt dicht bieenanner, berotschlogt, öberlegt hen un her, drinkt mehrere Cappuccinos.

Lisa vertellt von ehren eifersüchtigen Willi, de ehr dat leste Mol, as sik de beiden Schwestern dropen hebbt, verboern hett, niemols mehr alleen wegtogoh'n. As se sik dorgegen uplehnte, hett he ehr anne Arms packt, ehr schüddelt, un denn een poor Schläge in't Gesicht verpasst. Uterdem drohte he Lisa Huusarrest an, wenn se nich gehorchen woll. De blauen Placken an Lisas Arme mokt Mona wütend.

Lisa mokt ehre Vörschläge, wie se gedenkt, ehren Willi lostoweern., aver annen Enne sett sik aver Monas radikoler Plan dör. »Och, wenn man de Keerls doch up'm Mond scheeten könn!«, stöhnt Lisa.

Mona lacht: »Jaaha, use Keerls up'm Mond! Dat wör een goer Anfang! Aver wi möt jem glieks in de annere Richtung schicken: nämlich in de Hölle!«

No twee Wäken ward de mörderische Plan in Angriff nohmen. Mona well ehren Geburtsdag nofiern, dorto hett se Geschäftspartner/innen von Dieter, un ehre Schwester Lisa mit Mann Willi inlad'. Se wüsste jo, dat ehr Dieter för blonde Froen schwärmte.

Lisa harr sik fein mokt, drögt ehre gelockten, goldblonden Haare open un drögt een grönet, enget Kleed, dat ehren schlanken Body mit de sanften Kurven dütlich wiesen dö. Ehr Willi löt ehr nich ut de Ogen, sine Eifersucht löt dat nich to. Sine Lisa wör jo verdammig sexy!

Dat süht ok Monas Mann Dieter: »Döbel ok, wat hett sik de Lisa rutmokt! De mokt mi direkt an! An de mutt ik ran!«

Dree Stünnen loter no rieklich Sekt- un Whiskey-Genuss, derben Späßen un Gelächter, sitt Dieter an Lisas Siete, so dicht, dichter geiht' nich mehr. He hett sinen Arm üm ehre Schullern legt, tüht se an sik, schnuppert in ehrt Dekollete: »Deern Lisa, wat rükst du schön!«, stöhnt he luer.

Dat nimmt notürlich Willi wohr, springt hoch un haut sinen Schwager vör den Böstkassen: »Lot mine Fro in Ruh, du Lustmolch!«, brüllt he, springt up, ritt Lisa hoch un well up de Stä mit ehr no Huus.

De Gesellschap is schockeert, un denn amüseert se sik öber de Geschehnisse. Lisa stolpert verstört in den Flur, Dieter folgt ehr, ritt Lisa an sik, schuv se in dat Gästezimmer un schleit de Dör to. Jüst as he todringlich weern well, dönnert Willi de Dör open, ritt sine Fro von em weg, brüllt as'n vergrellten Stier un schubst Lisa in den Flur.

Aver Dieter folgt em up'm Foot un haut em önnig mit de Fuust up'm Puckel. Willi lett Lisa los, dreiht sik üm un boxt mächtig up Dieter in. Mona springt vör un tüht Lisa ut de Gefohrenzone.

De Boxkampf ward heftig, keen een von de Gäste beendet de Schlägeree, innen Gegendeel, se füert de Kampfhähne mit Pfiffen un Klatschen an.

Lisa zittert annen gansen Körper. »Hoffentlich geiht de Plan ok up! De Gäste sünd reinweg besopen, so as de sik upföhrt«,, denkt se angstvull. Mona steiht mit unbewegten Gesichtszügen gans achtern un blinzelt ehr to.

De Speegel klötert vonne Wand, as Dieter up Willi indröscht. Keener von beiden givt no, se kaumt to Fall, prügelt sik füdder, bet Willi mit blotiger Näse upspringt, no Luft ringt un bloß noch Rot süht. As ok Dieter glieks wedder up de Beene kummt, haut Willi dermoten scharp to, dat Dieter as'n natten Sack ümkippt un liggen blivt. Willi keucht, grippt no eenen halfvullen Whiskey-Buddel un drinkt em ut up Ex! He wischt sik öbert Gesicht, ropt no Lisa.

In düssen Moment springt Dieter achter em up un verpasst em eenen Mordsschlag, dat Willi sik üm sik sülmst dreiht, schwankt un mit'n Kopp up de groote, swore Bodenvase knall, un lang henfallt. Öber Dieters Gesicht drüppelt Bloot öber eene Ogenbrauenwunde, dat he dordör fast blind is. He kikt wild üm sik, stolpert öber de Vasenscherben, socht Halt an de antike Stohlampe, de kippt üm. Dieter kummt totol ut dat Gliekgewicht, knallt mit'n Dassel dröhnend up de gröne, italienische Marmorfinsterbank, stöhnt een lestet Mol, un rutscht langsom lang hen up den Parkettbodden. Gespenstische Stille herrscht mit eenen Mol, alle stoht as Salzsäulen rüm. Aver denn kummt Bewegung in de Herrschaften! Se bemöht sik üm de twee jämmerlichen Figuren, de leeblos up den verwüsteten Flur liggt.

De irten Gäste mokt sik heimlich weg, düt hier kann jem gefährlich weern. Mona hett jüst 112 anropen, se is öbertügt, dat twee Lieken innen Flur liggt. Se rift sik heimlich de Hänne un nimmt Lisa innen Arm. De bruukt unbedingt eenen Dokter.

De Sanis kaumt mit Notarzt un Polizei angestört un kümmert sik üm de Kampfhähne. Se weerd ünnersocht, aver bi beiden ward denn gans amtlich de Dot faststellt. De Polizeibeamten frogt de verbliebenen Gäste no de Geschehnisse ut, noteert sik alle Nomen, ok de von de Gäste, de dat Weglopen vörtogen hebbt.

De Beamten schüddelt mit de Köppe, as se dat Utmot an Alkoholkonsum un de Eifersuchtsts-Prügelee gewohr weerd. »Jau, de Wieber un de Suff, de rievt blöde Keerlsminschen uff!« De Notarzt kümmert sik deelnohmsvull üm de beiden schluchzenden Witwen.

No twee Wäken sünd sämtliche Ermittlungen sietens Polizei afschloten. No ses Wäken sünd twee öberglückliche Witwen Universal-Erbinnen von beträchtlichen Vermögen. In de Öffentlichkeit goht se gebückt in Schwart gehüllt Troer heuchelnd ehre Geschäfte no.

Mona un Lisa sitt endlich innen Fleeger to'n Urlaubern up eene Karibik-Insel. Se drinkt Sekt, liggt sik in de Arme un freit sik up dat Läben in Freeheit ohne Geldsorgen. »Wi hebbt schlimme Dinge mokt, aver de hebbt wi doch seehr goot mokt!«, lacht Mona.

De Lüe inne Stadt meent, dat de beiden tapferen Witfroen sik dat aver würklich verdeent hebbt!

De Horror-Mammy

Vör twee Johren bün ik mit 20 Johren von to Huus uttogen. Min Tohuus wör bloß Mammy, so mösst ik Mudder nömen, weil se dat so wollte. Minen Vadder kenn ik nich, wenn ik Mammy dorno frög, wör se stur un böse. Eene Antwort hebb ik nie krägen

Mammy wör all jümmer een künstlich överspannter Minsch, mannigmoll reageerte se ok hysterisch, gans besonners, as ik uttogen bün. Se benöhm sik jümmer förmlich, woll dormit vörnehm wirken. Up mi, ehre Dochter, wirkte se ünnerköhlt un fast leevelos. Ik kann mi nich erinnern, dat se mi moll in de Arme nohmen hett. Ik dröfte nie een Huusdeert hebben, weil dat schmutzig wör. Ok mine Spälfründe dröften nich bi Mammy in't Huus kaumen, obwoll wi genog Platz harr'n.

Am meisten argert mi, dat se mi den englischen Nomen Morgane verpasst hett. Oft genog bün ik desterwägen inne School hänselt wurn. Morgane Geistler ... enfach fürchterlich! Wat sik Mammy dorbi dacht hett, dat hebb ik ok nich to wäten krägen.

In mine lüttje Wohnung läv ik ungezwungen un von Mammy regelrecht befreet. Selten ropt se an, well wäten, ob ik ok jümmer önnig uprüme. No min Befinden un no mine Arbeit frogt se nie. Offmols denke ik, dat se mi adopteert hett. Ik weet jo leider nich, wer ik würklich bün, ob ik dat jemols von ehr to wäten kriege? Dorup kann ik gor nich hoffen! Ob ik mine Mammy geern hebb? Dat kann ik mi sülmst nich beantwurten, weil ik nie nich eene leebevulle Mudder-Kind-Betehung spört hebb. Ik hebb egentlich bloß bi ehr wohnt, notürlich hebb ik allens krägen, wat een Kind so bruukt, uter dat Wichtigste, de Mudderleeve.

Wenn ik frög, worüm se wat för mi befehligte, röp se: »Weil ik dat segge! Dor givt dat nix to diskoteeren!« Un denn köm jümmer achterher düsse Satz: »Frollein, as ik so olt wör as du ...« udder »So dankst du mi!«

Ik hebb domols glövt, dat mine unbekannte Oma siker eene Hexe wör, as se Mammy geboren hett.

Mit 16 dröff ik avends nich wegoh'n, un as ik 17 wör, löt se mi een Mol to'n Geburtsdag von mine Fründin goh'n. As ik kört no Klocke teihn no Huus köm, seet se innen Flur un röp: »Wo kummst du denn nu irst her? Frollein, dat wör di'n lester Utgang!« Von dor an harr ik dat verdammte Geföhl, dat ik ehrt Egentum wör. Ik dröft' nich sülmstständig weern. Domols füng ik an, Mammy regelrecht to hassen.

Ik güng een poor Mole enfach weg, ohne to frogen, aver ok dat wör bald to Enne, weil se mine Kammerdör enfach von buten afschlöt. Ik lävte bloß noch in ehrt Gefängnis. Bloß to School dröfte ik goh'n, un loterhen no mine Lehrstelle hen.

An minen Geburtsdag kündigte Mammy telefonisch an, dat se mi besöken woll. Ik wüsste aver, dat se nich mi, sonnern mine Wohnung besöken woll. Ik hebb vertwiefelt de Ogen verdreiht, aver ik ohnte, dat Mammy dat dört Telefon hört hett! Heet öberköm mi wedder ehre Ordnungsleeve in den Sinn. Ehre scharpe Stimme schleek sik in mine Gehirnwindungen un prädigte von Huushaltsplichten, glorrieken Putz- un Scheuer-Orgien, un strohlender Sauberkeit. Üterst penible Schrubbereen un korrekte Plichterfüllungen wören Mammys öberstet Gebot un ehr enziger Läbensinhalt. Aver bi mi wör Mammys Saat nich upgoh'n.

In minen Flur liggt Zeitungen un Böker stapelwiese rüm, up de Waschmaschine innen Bad fleezt sik ungebügelte Wäsche, un de Finster woll ik irgendwann moll putzen, enfach moll so ut Neugier. Aver nu woll Mammy kaumen, och du leeber Gott!

Un denn köm Mammy, gewandet in een Kostüm in klassisch-marineblau, mit twee Blomenpötte fleißige Lieschen bi mi an. Bevör se mi köhl grolleerte, keek se sik irstmoll gründlich mit Lupenblicke üm. Se schüddelte den wohlfriseerten Kopp un meente scharp: »Dat süht hier jo ut as innen Swienstall!«

Mi bleevt de Spucke weg öber so eenen Empfang! Dorbi harr ik so goot as dat güng, schnell noch uprümt. Denn Disch harr ik indeckt mit mine bunten Tassen, harr Sünnenblomen inne Vase stellt, Koken holt un Kaffee kokt.

Mammy schmeet eenen afschätzenden Blick in mine Stuve, marschierte up minen Laptop to, un streek mit de Hand öber den Bildschirm. Ik hebb em fix toklappt, weil ik bange wör, dat Mammy em villicht mit Ata mißhanneln dö. dormit he gegen Viren schützt ward. Mammy wör nämlich de Putzdöbel persönlich! Se stampfte dör mine Wohnung, nöm alles in Ogenschien, un schüddelte mißbillgend ehre Locken. Mammy wör gnadenlos, se richtete nich ehre Krone, Mammy tögt glieks dat Schwert: »Du büst nich mehr mine Dochter! Du büst eene Sau! Alles, wat ik di bibrocht hebb, peddst du mit Föten! Wi süht dat hier bloß ut. Hier bliev ik nich! Du kummst innen egenen Dreck üm, ik goh!«

Ik wör entsetzt un bölkte los: »Vörsicht! Ik bün putz-döbels-wild! Ik will di nich mehr seh'n! Du hest von Anfang an versocht, min Läben kaputt to moken!«

Mamy wör weg, ik löt mi up'm Stohl fallen un woll loshuulen. Dat güng nich, nanu? Mammy wör mi gliekgültig wurn, ik könn nix för ehr mehr empfinden. Ik seggte mi: »Wes'eene Möwe, schiet enfach druff!«

Lange hebb ik nix mehr von Mammy hört, bet eenes sönndags een Anrop von ehr köm: »Morgane, mi geiht dat gans schlecht! Kumm sofort her un hölp mi!« Dat wör een Befehl! Dat se sik dat noch trote, wunnerte un argerte mi. Wat schöll ik moken, henföhren udder nich?

Ik kämpfte mit mi, un denn bün ik henföhrt. Ik harr jo noch den Slötel. Mammy legt innen Bett, wör stark öllert un harr Feeber. Ik woll den Krankenwagen ropen, aver se woll dat nich. Se woll, dat ik bi ehr inteh'n schöll! Se woll! Jümmer woll se! Mi köm de Galle hoch! Aver ik woll nich mehr! Schon afsolut nich bi eht wohnen! Ik bleevt de Nacht över denn doch bi ehr, dat seggte mi dat Plichtgeföhl. Annen nächsten Dag nöhm ik free vonne Arbeit, weil ehr dat würklich schlecht güng. Worüm stürvt se nich enfach? Könn se nich losloten?

Mit trüben Ogen un rasseldem Atem keek se mi an. »Do wat!«, röchelte se. Ik stünn stockstief an ehrt Bett, aver up een Mol överköm mi dat: ik greep no dat beste Sofakissen un drückte ehr dat so fast as ik könn, minutenlang över dat Gesicht. Se schöll doch endlich dotgoh'n! Denn harrn wi beide endlich Ruhe, verdammich nochmoll!

Se röhrte sik nich mehr, as ik dat Kissen wegtögt. Dorno bün ik in mine Wohnung föhrt, hebb irstmoll önnig schlopen. Ik wör glücklich, dat dat mit Mammy to Enne wör. Grode Ruhe överköm mi, as ik annen nächsten Dag Dokter un Bestatter von ehre Wohnung ut anröp. Alles güng up friedlichen Weg, de Dokter stellte ohne wieteres den Dotenschien ut, un de Bestatter hett de Mammy önnig fierlich bestattet. De enzigen Troernden, de an Mammys Grav stünnen, wören eene Nobersche, de Paster, de Bestatter un ik.

Allerdings wör ik keene Troernde, sonnernn eene sik Freuende. Ik wör eene Last von mine Schullern los wurn. »Ja, wenn der Tot kommt, ist Sense!«, flüsterte mi deelnohmsvull de Nobersche to. Ik hebb an mine ungeliebte Mammy dacht: »Hoffentlich find's du nu endlich dinen Freeden. Ruhe heste jo nu genog. Annen leevsten harr ik up ehren Gravsteen meißeln loten. »Hier ruht Nora Geistler. Sie kehrt nie wieder!«

De rätselhafte Giftmörderin

»Mit düssen Fall kaumt wi enfach nich füdder!«, regte sik Kommissar Hans Schubert mächtig up un dönnerte sine Fuust up den Schriefdisch. Si'n junger Kollege tuckte motlos mit de Schullern, he möcht' ok nix mehr hören von de verdöbelte Geschichte. Hans Schubert schmeet de Mords-Akte »Giftmörderin« von sik. De Fro harr ehren Mann mit eenen Giftcocktail ümbrocht. Dat wör aver ok echt eene verzwickte Geschichte. De Zeitungen hebbt ehr den Nomen »Schwiegende Döbels-Giftmörderin« verpasst.

»Fieravend!«, röp Hans, tögt sine Jacke an un güng no Huus. He harr dat nich wiet, vonnen Präsidium bet no sine Wohnung wören dat bloß annerthalv Kilometer, de he meist jümmer to Foot güng. An düssen Avend woll he an keenen Fall mehr denken, he woll bloß'n Glas Wien drinken, Fernseh kieken, un sik entspannen. De Kopp dö em weh von Nodenken, Ümdenken un sik Rindenken in de Mörderee. Scheissjob, den he harr!

Wör een Mord endlich upklärt, un de Mörder achter Gitter, passeerte wedder wat Mörderischet, un de ganse Upklärerée un Sökeree güng von vörn los!

As Kommissar Schubert innen Bett legt, kreisten sine Gedanken wedder üm de Giftmörderin. He dacht' no:»Wat kann eenen Minschen bloß dorto bringen, jemanden, den man leev hat harr, so fürchterlich to hassen, dat man em nich bloß den Dot annen Hals wünscht, sonnern den Dot sogor vörsätzlich, un ok noch aktiv utföhrt? Dat Mordmotiv, un somit ok de Bewiesföhrung is bi düssen Giftmord jümmer noch nich klor.«

De Befrogungen hebbt egentlich nix ergeben. De Nobers harrn alle bestätigt, dat dat bi düt Ehepoor oberhaupt keene Upfälligkeiten gäben harr, Se harrn nie Strietereen hört. Bi jem schien' würklich alles friedlich to wäden. Aver von Anfang an, as de Ermittlungen losgüngen, fünd' Hans Schubert dat besonners upfällig, dat dat Ehepoor Hella un Max Schlohmeyer keene Bekannte, keene Fründe, un öberhaupt keene Verwandtschaft uptowiesen harr. Dat geevt keen een, de mit jem wat to do'n harr, von de Nobers moll afgeseh'n, aver de wüssten jo ok nix. Hella harr as Schwestrenhölperin arbeit', un Max wör up den Städtischen Bauhof beschäftigt wäden. Ok dor bestünden keenerlei Kontakte - komisch wör dat schon.

Domols hett Hans Schubert sik dacht: »Kann jo angoh'n, weil de beiden irst vör'n Veddeljohr hierhertogen sünd. Heirotet hebbt se vöher in ehre Heimat, bi Oldenborg, bevör se hierher no Köln togen sünd. He möcht' to geern den Grund dorför wäten. Wat schöll düsse Ümtog, harr dat eene Bewandtnis mit den anschlutenden Giftmord Hellas an ehren Gatten Max? Hans köm nich to Ruhe, de Frogen jogten dör si'n Gehirn. He stünn wedder up un öberlegte, ob em so'n ähnlicher Mordfall in sine Deenstjohre ünnerkaumen is. He beschlöt, sik annen nächsten Morn üm dat Motiv för den Wegtog ut'n Oldenborgschen un den Hentog no Köln to kümmern. Dor mösste doch wat achterstäken! Wenn nich dor, wo denn bloß ans? Wör doch reinweg to'n Vertwiefeln mit de Giftmörderin!

»Tscha, dat löpt bi mi, zwar rückwärts to Tiet, aver dat lopt!«, dachte Hans sarkastisch. Mannigmoll föhlte sik si'n Läben as Test an, för den he nich lehrt harr. Een Spoßvagel hett em moll seggt: »Die Polizei ist wie ein Kondom, mit ist es sicher, und ohne ist es besser!« Un wie de Recht harr! Hans lachte luer:»De Döbel glövt, dat he de Minschen noch schlechter moken kann! Aver dör irrt he foken, he kann hier noch wat lehr'n!«

Up den Weg no Oldenborg sinneert Hans, wo he anfangen mutt to söken, to frogen. He mietete sik in een lüttjet Hotel in, un föhrte glieks to'n Rathuus, üm dor Utkünfte öber dat Ehepoor Schlomeyer to holen.

Mit den Namen Schlohmeyer könn een Beamter wat anfangen, nodem he sik önnig annen Kopp kratzt harr.

»Tscha ... doch, dör wör moll wat! Een Schlohmeyer hett bi eenen Inbruch vör enigen Johren twee Minschen ümbrocht. Aver goht Se man in't Polizeipräsidium, de wät mehr!« Hans Schubert kreegt allmählich bätere Luune, weil he glövte, up de richtige Spor to wäden. Aver toirst güng he no'n Stannesamt, wo de Heirot von de beiden doch siker beurkund' wören.

He höl den Stannesbeamten, de angeevt, keene Tiet to hebben, sinen Utwies ünner de Näse. Unwirsch knurrend mök de sik an de Arbeit, enige Akten ruuttosöken. Dat duerte un duerte! Hans geror' langsom aver siker in Rage, weil de Minsch jede Siete genau dörtostudeeren schien.' Endlich harr he wat Passendes ünner de Bookstaben »Sch« funnen, nämlich den Namen Schlohmeyer.

Hans sprüng up un stell sik achter em, weil he de Nomen von dat Poor läsen woll. Max Schlohmeyer un Hella Matthei, geborene Münz ... Hans wüsste genog, verafscheed'sik, un iilte zielsträbig up dat Präsidium to. Dor erföhr' he alles över den Inbruch vör teihn Johren. Max Schlohmeyer wör nie astrein wäden, harr jümmer krumme Dinger dreiht, aver bi düssen Inbruch wör he to'n Mörder wurn. He hett twee öllere Minschen fesselt, de de Inhaber von dat Juweliergeschäft Münz wören, hett jem prügelt, bet se em seggt hebbt, wo de Tresorschlötel legt. Nodem he in sinen Rucksack Geld un Schmuck verstaut harr, woll he afhau'n. Dat Ehepoor bettelte em üm Losbinnen an. Dor dachte he aver gor nich an, tögt sine Pfefferspraydose ruut, un sprühte jem eene önnige Ladung in de Gesichter. Se japsten un röchelten, dat mösste he gewiss noch hört hebben, as he dör dat Finster innen Keller no buten steeg, sik de Maske runner reet un afhaute.

As annen anneren Morn de Dochter Hella von de Inhaber köm, üm as jeden Dag innen Geschäft to hölpen, fünn se de Öllern nich. Se röp, löp no boben un fünn beide dot up Stöhle fast bunnen. Se wören reinweg an dat Spray erstickt, dat harr de Gerichtsmediziner faststellt. Beide harr'n all lange ünner Bronchitis un Asthma läern.

Hans Schubert läs'sik dör de olen Akten, frög un mök sik Notizen. No twee Dagen harr he Gewissheit öber düssen Fall.

Max Schlohmeyer is bald no den Inbruch verhaftet wurn, as he in Hamborg den Schmuck verhökern woll. He wör verurdeelt to läbenslänglich, aver wägen goer Föhrung is he no teihn Johren entloten wurn un hett sik nix wedder toschulden kaumen loten.

Hella Münz wör nich mehr de Jüngste, se harr intwüschen heirot, eenen olen Witwer mit Nomen Matthei, de aver all no dree Ehejohren verstorben wör. Düsse Hella Matthei, geborene Münz, harr groodet Intresse an Max Schlohmeyer, se mök sik glieks no sine Entlotung ut'n Gefängnis mit em bekannt un dat duer gor nich lange, do wören se verheirot'.

Hans Schubert mök sik wedder up den Weg no Köln, üm de Giftmörderin, de jümmer noch schwiegen dö, den heimtückischen Mord to bewiesen, un den Fall aftoschluten. He wüsste Bescheed. Wenn Leebe to Hass ward – so as dat meistens wör – aver düt Mol wör Hass von Anfang an wäden!

De unheimliche See-Mörder

Se köm ut den See, reckte ehren schlanken Körper as eene geschmeidige Schlange un schüddelte de Waterdrüppen af. Ehre blonden, langen Hoore hüngen klatschnatt öber de Schullern. De Badesee-Strand wör leddig, un de Avendsünne löt den Heben in herrliche Farfen rötlich schimmern. De junge Fro nöhm ehre Tasche hoch, tögt een Badedook ruut un güng no de Stranddusche. Dor tögt se ungeneert den natten Bikini ut, un löt bibbernd dat iskohle Water öber sik rieseln.

Aver se wör nich alleene an den See: achter eene Buschgruppe stünn een Keerl in mittleren Johren un bekeek faszeneert de junge Fro ünner de Dusche. Dat wör een Superwief! Begehrlichkeit mök sik in em breet, un dorober steegt gliеks Arger in em hoch. Worüm duscht de Fro enfach so nackt - un öberhaupt: düsse knappen Bikinis - also de wören doch unmorolisch as man wat! De mössten verbor'n weern! Dat hier wör doch keen Nacktstrand!

Aver de nackte Schönheit erregte in em jümmer mehr Begehrlichkeiten, de he lange nich mehr spört harr. He mök Steelogen, üm bloß nix to verpassen, wo se sik nu ok noch bi'n Afdrögen bückte ...

»Oh Mann, Erwin!«, schöt em dat dör. »Bloß weg hier! Dat holste nich ut!« He güng eenen Schritt torücht. »Knack!« mök dat luer - he wör up eenen drögen Twieg pedd'.

Ruckortig keek de Fro in sine Richtung. He köm achter de Büsche ruut, höl beide Hänne vör sine verdächtig utgewölbte Badeböx, un güng up ehr to. Se starrte em unsiker entgegen. »Wat schall dat? Worüm stört Se mi?«

»Deern, du reizt mi mächtig mit dinen schönen Körper, un so, as du di hier benimmst! So nackig rümtospazeren!«, ropt he ehr frech to. Se gewohrte sine Lüsternheit, un tögt dat Badedook fast üm sik to. He greep ehr enfach an den Arm: »Du hest mi mit dine Unmorol so reizt ... du musst mi nu ran loten, ans ...«

»Ans wat?«, schree se luer up, rammte em ehrt Knee so dull in den Ünnerlief, dat he stöhnend to Bodden güng. Se greep ehre Tasche un löp weg.

Dage loter stünn Erwin wedder achter de Büsche annen See un beobachtete de wenigen Badegäste. Dat güng up Sünnenünnergang to, un de Minschen verlöten den Strand. He harr enfach keen Glück mehr! Aver he köm jeden Avend wedder. He sochte blonde Froen, de he beobachten woll. De Blonde, de em so innen Buuk haut harr, de harr eene blinde Wut in em anfüert. Irgendwie mösste he sik afreageern, aver he harr se nich wedder hier baden seh'n. Se harr em demütigt, sine Männlichkeit verletzt, dat quälte em gräsig.

Twee Wäken loter könn Erwin si'n Glück nich foten: eene junge, blonde Deern köm avends mit'n Fohrrad an den See, Erwin versteek sik achter de Büsche. Se tögt ungeneert ehre Saken ut, bet up eenen roen Bikini, güng up den See to un löt dat Water üm ehre Föten spälen.

Mit'n Mol stünn' Erwin achter ehr, greep ehr gierig üm de Taille. Se zuckte tohopen, füng an to schreien. He woll ehr beruhigen, he woll doch bloß bäten Leebe mit ehr moken. Se schlög wild üm sik, kratzte Erwin dör dat Gesicht. He höl ehr den Mund to, se beet em in de Hand. He jaul' up, löt ehr kört los, se sprüng weg, aver he kreeg ehr wedder to foten. Se wehrte sik mächtig, pedd em innen Ünnerlief.

Mit een Mol kokte blinde Wut in Erwin hoch, he wör nich mehr Herr von sine Sinne. Em öberkömen Rachegelüste, weil se eene von välen Froen wör, de em afwehrte. He schlög ehr in dat Gesicht, se füll hen. He reet de Fro wedder hoch, se spuck'em in't Gesicht. Dat wör toväl: sine Hänne legten sik üm ehren Hals un drückten to mit isernem Griff. Se röchelte, kreeg keene Luft mehr un sackte tohopen. He löt ehr an sik runner rutschen un keek unglöwsch up ehr dol, wör se etwao doot?

Water ümspölte ehren Körper, he bückte sik, föt ehr annen Hals un föhlte keenen Puls. Leddig innen Kopp stünn he innen Water, föhlte nix. Keek sik üm, he wör gans alleen hier. wat nu? Up een Mol överköm em een Triumpfgeföhl, he harr de Fro schafft! Anners, as he sik dat dacht harr, aver wörüm harr se sik ok so anstellt? He föhlte sik ungewohnt befriedigt. Aver de Fro mösste weg, wohen? Gans enfach: he schöv ehr wiet in den See ruut, bet he keenen Grund mehr harr. Denn mök he, dat he wegköm.

Dage loter stünn inne Zeitung: »Junge Frau beim Baden im See ertrunken? Die Leiche weist Würgespuren auf. Die Mordkommission hat sich eingeschaltet.«

In den nächsten Sömmer stünn Erwin wedder avends achter de Büsche un fieberte regelrecht no blonde Froen. He fünn lange keene, aver Erwin harr Geduld, bet em de Tofall, jüst as he goh'n woll, eene Fro an den See föhrte.

De Sünne woll ünnergoh'n. He beobachtete de Fro, se harr körte, blonde Hoore. Erwin bäberte vör Erwartung, endlich köm sine Erlösung! De Fro harr sik uttogen un güng bloß mit Höschen un BH in dat Water. Erwin tögt sik bet up Ünnerwäsche ut, löt sine Saken annen Ufer liggen un löp ehr achterher. He wör so gierig, dat ehr glieks von achtern angreep un sine Hänne üm ehren Hals klammerte un fest up ehre Kehel drückte. He löt ehr keene Chance.

Se könn nichmoll schreien, könn sik nich wehren, weil he se glieks erstickte. Se zuckte wild, röchelte un sackte tohopen. He löt se sachte in dat Water rutschen, schöv se wiet in den See rin, bet he keenen Grund mehr ünner de Föten harr. He keek noch eenmol up ehren Körper un verspörte wedder eene unheimliche Erlichterung. Dat kribbelte em angenöhm dör den gansen Körper, jüst so, as lesten Sömmer, as he de irste blonde Fro afmurkst harr. Dat wör dat Geföhl, dat he bruukte, düt Geföhl, dat em doote, blonde Froen verschafften.

Wedder stünn inne Zeitung: »Wieder junge Fro im See ertrunken? Würgemale am Hals. Alles noch rätselhaft. Mordkommission sucht fieberhaft nach dem Mörder.«

De Mordkommission hett lange socht, aver keenen Mörder funnen. Ok in dat folgende Johr wör wedder eene doote, blonde Fro innen See funnen. De Polizei wör dat rätselhaft. Wer mök bloß sowat Schrecklichet? De Minsch mösste siker koppkrank wäden. Von dor afan wör de See öberwacht von Zivilpolizei. In düsse Badesaison geevt dat keene doote, blonde Fro innen See.

Aver innen nächsten Vörjohr, as egentlich noch keene Badesaison wör, seet eene blonde Fro annen Seeufer. Se köm jeden Dag, sett sik an dat Ufer, ehre blonden, langen Hoore glänzten as Gold innen Sünnenlicht. Se wör bet avends dor, läste udder wannerte annen Strand ümher. Se harr sik een Badedook öber ehren Körper mit den knappen Bikini legt. Dat mök den Indruck, as up se up wat tövte.

Eene Wäke loter stünn inne Zeitung. »Wieder rätselhafter Mord am Badesee. Diesmal toter Mann im See gefunden! Die Mordkommission ermittelt!«

Disco-Besök mit Folgen

»Wo bün ik hier?«, denkt Loni, bört den Kopp möhsom hoch, und lett em glieks wedder fallen. »Oh, deit mi de Kopp weh!«, flüstert se, obwoll se denkt, dat se luut schreit hett. Irgendwat drückt ehr gräsig in den Puckel. Se sleit de Ogen möhsom open, worüm deit dat so weh? Grell blend'ehr eene Helligkeit. Se kikt in een grönet Blöerdaak öber ehr – se liggt ünner een hohet Gebüsch! Dat is hell, is dat morns? Wat is mit ehr passeert? Se well upstoh'n – dat geiht nich! Dat föhlt sik an, as wenn ehre gansen Glieder gelähmt sünd. Se spört bloß Kählen innen gansen Körper. Alles dreiht sik vör de Ogen. as wenn een Grauschleier öber dat Gesicht klävt. Innen Magen brodelt dat, se dreiht ehren Kopp möhsom no de Siete un öbergivt sik. Brrr bitter! Un denn ward dat wedder Nacht üm ehr.

»Hallo, hallo! Junge Fro, hört Se mi?«, ropt eene Stimme. Jemand schüddelt ehr sanft an de Schullern. Loni schleit verschreckt de Ogen open, oh, wat is dat hell un heet! Aver se kann klor kieken, de Grau-Schleier is weg, un se kann den Kopp bewägen, ohne starke Kählen. Een ölleret Poor bögt sik no ehr hen. Loni hört besorgte Würter, se well upstoh'n. Hölpende Hänne griept no ehr un teht se vörsichtig hoch. Dreihschwinnel let Loni mächtig schwanken, aver se ward försorglich stützt.

Se kikt an sik runner. Och wie schrecklich! Ehre Bluse is twei räten un hangt ehr fast bet an de Knee. De swarte Lack-Disco-Hose hangt ehr bookstäblich in Fetzen ünner de Kneebeugen un se hett keene Pömps mehr an!

»Wat is bloß mit di passeert, Deern?«, well de Fro mitleidig wäten, un tüht Blöer ut Lonis langen Hoore. De Mann tüht sinen beigen Sömmermantel ut un legt em Loni üm de Schullern, dat se enigermoten bekleedet is.

Mit eenen Schlag kummt ehre Erinnerung torücht. Dat Poor wiest up eene Bank un nodem se sitten dot, vertellt Loni: »Ik wör gistern mit eene Fründin in de Disco dor achtern. Dat wör bräkendvull. Wi harrn keenen Platz un stünnen länger anne Theke rüm, aver ohne wat to drinken. No ca. eene halve Stünn sünd wi beide von twee jungen Keerls to'n Danzen upföddert wurn. Dat mök Spoß. Lange hebbt wi us richtig uttovt, bet us welke an de Theke schöben un us Drinks spendeerten.«

De Fro woll wäten: »Deern, wat wören dat för Drinks?« Loni tuckt mit de Schullern: »Weet ik nich, aver dor wör siker Alkohol mit Fruchtsaft binnen! Ik hebb dat Glas halv utdrunken, weil ik dörstig wör. Glieks dorno wör mi schwinnelig un kotzelend. So, as ob ik eenen fürchterlichen Rausch harr. Dör dicken Nebel üm mi to kregg ik mit, dat twee Keerls mi no buten schläpt hebbt. Ik wör völlig willenlos, gräsig! Wat dorno mit mi passseert is, weet ik nich!«

Loni schluchzt luut. »Wo mine Fründin is, weet ik ok nich!« Dat Poor kikt sik bedütungsvull an, un de Fro bestimmt: »Deern, wi ropt nu de Kripo an. Siker hebbt se di Ko-Drüppen in dinen Drink do'n, di vergewaltigt un di hier ünner düssen Busch schmäten. Düsse böse Sake mutt schnell upklärt weern!«

Nodem eene Polizistin Lonis Utsage innen Präsidium upnohmen hett, köm se in't Krankenhuus, wo man se medizinisch versorgt hett. Wat Loni nich wäten harr: düsse Ko-Middel sünd de Disco-Drogen schlechthen, Man nömt se ok Knockout-Tropfen. Se wirkt narkotiseerend, se weerd insett bi Stroftaten as Sexual- udder Egentumsdelikte. Se föhrt dorto, dat sik de Opfer no dat Upwoken upgrund von Gedächtnislücken för de Wirkungstiet nich mehr an de Tat udder den Tathergang erinnern künnt. Dorüm is dat för de Opfer schwor, den strofrechtlichen Nowies to bringen. Un dat Schlimmste ist, dat sik woll jeder dat Gemisch för de Ko-Drüppen openbor völlig legol beschaffen kann!

»Woväl Disco-Ko-Opfer hett dat woll all gäben un wo väle givt dat noch, bevör düsse gefährliche Schiet verboern ward?«, frocht sik Loni. Goot, dat se regelmäßig de Pille nimmt, also kann se eene ungewollte Schwangerschaft utschluten. Groode Sorgen mokt se sik üm ehre Fründin, von de se ok no veer Dagen nix hört hett.

Annen nächsten Dag läst se inne Zeitung, dat eene junge Fro doot ut den See in dat Noberdörp fischt wurn is. Se wör identifizeert as Rieke B. Loni lett de Zeitung fallen – dat is ehre Fründin!

Se schreit luer un vertwiefelt. Denn läst se füdder. Inne Kreis- Zeitung is ünner düssen Bericht een Bild:

»Wer kennt diese Männer? Sie werden verdächtigt, Ko-Tropfen an Frauen in Discos verabreicht zu haben. Sie stehen in dringendem Tatverdacht, Rieke B. vergewaltigt und ermordet zu haben. Außerdem könnten ihnen viele andere Delikte zur Last gelegt werden. Die Kripo bittet dringend um Hinweise und Berichte von Disco-Geschädigten im Landkreis.«

Loni kikt hypnotiseert dat unscharpe Bild in Schwat-Witt an. In ehren Kopp routeert dat. De Erinnerung is man schwak, aver düsse groode, hellhoorige Keerl up dat Bild – de duukt in ehren Kopp wedder up. He hett an de Theke stoh'n un jem jümmer frech ankäken! He hett de Drinks för Rieke un ehr spendeert! Un he hett siker heimlich de Drüppen rindo'n! Aver womit könn se dat bewiesen? Mit Nix! He un sin' Kumpan harr free Fohrt för de nächsten Opfer!

Wäkenlang tövte Loni, dat de Kripo düsse Verbräker fastnöhmen, se frög jümmer wedder no, bet se nich mehr anropen dröft. Dat könn man doch nich ungesühnt lopen loten! De Kripo harr siker düsse Fälle afschloten. De Doot von de Fründin un Lonis Vergewaltigung legen all »ad acta.« Dat bringt Loni dermoten in Rage, dat se sik kuum inkricht. Aver dat bringt jo nix. Dagelang sinneert se, wie se sülmst düssen Täter bestrofen kann. Sülmstjustiz? Aver de is strofbor! Aver anners geiht dat nich!

Se sülmst mutt dorför sorgen, dat de groode Blonde büßen mutt. As

Giftpiele sett sik düsse Gedanke in ehr fast, an kuum wat anneret kann se noch denken.

Up de Arbeit mutt se sik tohopenrieten, üm sik to konzentreeren. Se spinnt in Gedanken Rachefäden, aver alleen kann se dat nich utüben. Dorto bruukt se Hülpe. Se kennt von Riekes Beerdigung ehren Brooder, de dorför sorgen well, dat de Täter, den he nich kennt, achter Gitter mutt. Jedenfalls dö he dat no de Troerfier kund. Dieter is Kampfsportlehrer mit egenet Studio.

Dat duer gor nich lange, un Loni harr em up ehre Siete, weil se gemeensome Interessen hebbt. Beide, Loni un Dieter, klamüstert ut, wie un wo se den Verbräker, de siker de Anföhrer för den Disco-Mord wör. an't Ledder kaumt. »De mutt weg, un sin Kumpan ok!«, ropt Dieter no dagelangen Berotungen. »Anners geiht dat nich, Loni! Wi dröft us no use Tat nix nowiesen loten. Wi arbeitet doch bloß gerecht, wenn wi dat schafft, de Hunne in de Hölle to schicken! Ans mordet de Banausen mit de verdammtem Ko-Drüppen haltlos füdder! De möt för Riekes Qualen un Doot büßen!«

De Plan steiht fast: Loni schall den Disco-Lockvogel moken, un Dieter well de Mörder to Räkenschaft tehn.

Wedderwillig hett Loni schließlich inwilligt. Wäkenends stellt se sik upreizend antogen un bet to Unkenntlichkeit schminkt, weil er keener erkennen draff, in de groode Disco an de Theke. De Lichterorgeln flackert un dreiht sik in bunten Farfen, de Musik spält luut un schrill. Väle junge Minschen hopst as Enzeldänzer up de enge Danzfläche. Etliche Jungs baggert Loni an, un se danzt, üm uptofall'n, aver keen grooden Blondi duukt up.

Dat geiht dree Sönnabend-Nächte so, dat Loni upgesteilt un dull geschminkt an de Theke rümlümmelt. Aver in de veerten Disco-Nacht, as Loni jüst ehren Buddel Limo betohlen well, legt jemand eene Hand up ehren Arm mit dat Portemonnai.

»Lot stäken! Du büst mi'n Gast, du schöne Unbekannte!« Verschreckt kikt se no de Siete. Dor steiht he, de groode blonde Keerl ut de Zeitung! Ehr Peiniger un de Mörder von Rieke! Kohle Gruselschuer kreept ehr dör den Körper, aver se mutt jo mitspälen. Dat mokt ehr Mot. Kohlt lächelnd mustert se em von boben bet ünnen. »Na Lady, gefalle ik di?«, säuselt he un tatscht ehr öber den Arm. »Du haust mi glatt üm, so gefallst du mi! Ik gäv 'ne Pulle Sekt ut!«

De Sektgäser stoht vör jem un se drinkt. Loni hett ehrt Glas vull innen Blick. Se is gans ruhig, flirtet mit den Blonden, se weet jo, dat Dieter achter ehr steiht, un deelnohmslos sin Water drinkt, aver dat is bloß Mache. He hett ebenfalls alles innen Blick. Blondi föddert Lonie to'n Danzen up. As se up de Danzfläche sünd, schlikt sik een Typ an Lonis Sektglas un lett unupfällig ut eenen Minibuddel, den he in sine Hand verborgen hett, en poor Drüppen rinfallen. Dorbi plaudert he inne Runde, un keenen fallt dat Hanneln up, aver Dieter bemarkt dat.

Dichtet Gedrängel herrscht bald, weil jümmer Gäste kaumt. Loni un Blondi drängelt sik an de Theke. Vuller Bange kikt sik Loni üm, weil Dieter nich mehr to seh'n is. No körter Tiet is he wedder dor. Blondi föddert Loni to'n Ex-Drinken up, üm neen Sekt notogeeten. Ehrt präpareertet Glas is halfvull, se mutt sik wat infall'n loten. Se dreiht sik üm un ropt: »Oh Mann!« Blondi ruckt hoch un kikt ebnefalls sökend no achtern. Düssen Moment nutzt Lonie un kippt dat Sektglas enfach up den Footbodden ut. Se holt dat Glas fix an ehren Mund un ropt: »Oh du, dat deit goot!« Blondi kikt ehr prüfend an, un denn dat leddige Glas. Dat entlockt em een gemeinet Grinsen. »Oh, oh!«, stöhnt Loni. »Wat is dat? Mi ward so anners! Mi ward schlecht!«

Blondi winkt no den Typen, de de Drüppen hett, un legt beide Arms üm Loni, de langsom tohopensacken deit. He schuv sik mit ehr dor dat Gedränge no buten. De Typ kummt mit Lonis Handtasche achterher. Aver ok Dieter kummt unupfällig achterher.

Loni ward in den sogenennten Hinterhof von de Disco schläpt. Dor stoht Mülltonnen, dor liggt Stoffsäcke, Papeerkartons un Sonstiget. Blondi schmitt Loni enfach up de Säck, un ritt ehre Kleedasche kaputt. Loni stöhnt vör Angst. »Och kumm!«, lacht Blondi schäbig. »Du wullt dat doch ok, so as du rümlopst! Du büst doch scharp as Nobers Lumpi, du Nutte!«

De Typ, wat si'n Kumpel is, stikt sik Lonis Portmonnai inne Böxentaschen un schmitt de Handtaschen in eene Mülltunne. Dieter kann dat alles sprung- un tatbereit beobachten, weil dat schwache Minutenlicht an de Wand upleuchtet. Em zittert de Knoken för Wut öber dat afortige Drieben von de beiden Keerls. Blondi hett sine Böxen runntogen un well sik jüst an Loni vergriepen, as em von achtern een Schlag drüppt, de em ok mit eenen Schlag dat Läben köst'.

Dieter hett mit sine Kampfhand toschlogen, hett em sotoseggen den schäbigen Schädel spaltet. De kriminelle Kumpan steiht fotungslos dor. Dieter grippt sik em, fingert ut de frömde Böxentaschen eenen Buddel un Lonis Portmonai ruut. Denn haut he den Typen eenen in de Fräten, dat de lang henfallt. Dieter dreiht den Buddel open, bögt sik öber den Fiesling, un lett mit Gewalt den viertelvullen Buddelinhalt in dat kriminelle Muul drüppen. De Typ sackt ok bald tohopen un seggt nix mehr. Loni is upsprungen un kummt Dieter to Hülpe. denn nu geiht de Arbeit richtig los. Sporen beseitigen!

Se angelt ehre Handtasche ut de Mülltonnen. De beiden schlaffen Typen möt von hier weg, ehe dat hell ward. Dieter föhrt sinen Transporter ran, bört mit Lonis Hülpe de Typen hoch, schmitt jem up de Ladefläche un bruust af. Ünnerwägens hoolt se in eenen Waldstück an un load den Ko-betäubten Typen ünnern Busch af. Dor kann he liggen blieben, bet he wedder to sik kummt. Dieter well em noch 'ne Chance geben. Uterdem könn de sik noher gewiss an Nix mehr erinnern, weil sine Gedächtnisslücken von de unverdünnten välen Ko-Drüppen so groot wörn, dat he siker half von Sinnen wör.

Monate loter steiht inne Zeitung, wedder ünner dat ole Sökbild von Blondi: »Die Suche nach dem Disco-Mörder Klaus N. verlief erfolglos. Sein sogenannter Mithelfer bei den Sexualverbrechen Peter P., der in einer Anstalt lebt, kann sich an nichts erinnern. Er wurde damals völlig unter Drogen stehend, in einem Waldstück nahe Bremen gefunden. Die Kripo bittet um Hinweise, üm Klaus N. dingfest zu machen. Er gilt als brutal und gefährlich.«

Loni un Dieter, dat glückliche Poor, kikt sik schelmisch an un he grinst: »Goernarbeit entspannt, un mokt jo ok Spoß. Dat kummt aver jümmer dorup an, wen man dor vergrovt hett!«

Fro Lindemanns scharpe Waffe

Fro Emilie Lindemann is inne Köken beschäftigt, as dat anne Huusdör klingelt. Se kikt up de Klocke. »Wer well denn üm de Middagstiet wat von mi?«, frogt se sik, as dat all wedder kingelt. Langsom schlurft se in den Flur, se is nich mehr de Fixeste mit 85 Johren. Se mokt de Dör open, vör ehr stoht twee jüngere Keerlsminschen. De stellt sik as Heizungsfachmänner vör, entschulligt sik bi ehr wägen de Störung, deelt ehr aver glieks mit, dat mit ehre Heizung wat nich stimmen kann.

»Woso dat denn?«, well Fro Lindemann wäten. »Dat kann nich angoh'n, de hebb ik irst leste Wäke warten loten!«

»Dat mach geern angoh'n«, meent eener von de Keerls »aver wi beiden wören gegenöber up dat Daak un hebbt den starken Qualm ut Ehren Schosteen seh'n. Dor is wat nich in Ordnung, hebbt wi us seggt un dorüm sünd wi hier.«

»Jo, un? Wat wüllt ji ?«, frogt Fro Lindemann forsch. »Leebe Fro Lindemann!«, ropt de eene, as he eben up den Klingelknoop den Nomen läst hett. »Dat is gefährlich! De Heizung kann explodeeren!«

»Tscha«, verjogt sik de ole Fro mächtig. »Explodeeren kann de? Denn rop ik glieks bi mine Heizungsfirma an!«

»Halt, beste Fro!«, ropt de öllere von de Keerls, »Dat kann all to lot wäden, bet de ruutkummt! Wät Se wat? Wi hölpt up de Stäh, wenn Se us de Heizung bekieken lot. Wi sünd vonnen Fak.« He langt inne Böxentaschen un tüht eenen Utwies ruut. Den holt he de Fro hen. De kann dat nich recht läsen, dorüm vertellt he: »Wi sünd von de Heizungsfirma Mach & Co. Wi hebbt use Kunden hier inne Straaten bedeent, un sünd up den swarten Rook ut Ehren Schosteen upmarksom woren.«

»Swarten Rook seggt Se? Oh Gottegott! Denn kaumt Se man fix rin un kiekt no de Heizung!« Endlich lett de ole Fro de Keerls rin, de sik glieks an ehr vörbidrängelt un sik genau ümkiekt. »Wo steiht de Heizung?«, well eener wäten, während de annere all inne Stuven steiht.

»Nähää, dor kaumt Se aver fix ruut!«, bölkt Fro Lindemann. »De Heizung is innen Köller!« Se wiest de Treppen, aver eener geiht bloß runner. De annere kikt verdächtig upfällig in alle Rümlichkeiten. Dat gefallt de Fro nich: »Wat mokt Se denn dor? Kaumt Se moll her, hier innen Flur!« De Keerl kummt un grinst: »Keene Angst, Oma, ik mutt hier boben blieben un föhlen, ob de Heizkörper warm weerd!«

Fro Lindemann ward komisch to Mote, ob de Keerls am Enne Verbräkers sünd? De freche Keerl schuv ehr enfach bisiete, geiht in ehrt Schlopzimmer un mokt den Schrank open. »Nu räkt dat ober!«, schimpt Fro Lindemann luut. »Ruut mit Se, up de Stäh! Ans rop ik de Polizei!«

»Dat deist du nich, du olle Schachtel!«, ropt dat achter ehr, un de Keerl ut'n Köller drückt ehr an de Wand. De annere geiht lachend hen un ritt dat Telefonkabel ut de Wand. Fro Lindemann kriggt Atemnot un fürchterlichet Hartkloppen. »Mein Gott!«, denkt se »Dat is mi'n Enne!« De Keerl deit ehr weh, so dull drückt he ehr. »Segge us, wo du di'n Geld hest!«, zischt he.

»Ik hebb doch nix innen Huuse!«, wimmert se. He lacht: »Du hest! So ole Tucken as du goht een Mol innen Monot no de Bank un holt sik de Monotsrente af. Wi wät genau, wo hoch dine Pension is, wi hebbt di beobachtet. As ehemolige Oberstudienrätin heste siker masse Schotter. Also los, wo hestet?« Se schlottert vör Angst un nickoppt. He lett ehr los, de annere steiht frech grinsend vör de Stuvendör.

Se blivt stoh'n, ward up eenmoll gans ruhig un seggt: »Lot mi inne Köken rin. Dor hebb ik wat.« Misstroisch folgt ehr de Gangster. Se geiht glieks up den Herd to, weil dor de Kantüffeln all öberkokt. Se stellt den Herd ut, bückt sik no den Backoben, un stellt ehre groode, isernschore Brotpanne up de Arbeitsplatte neben den Herd.

»He Omma, wat schall dat? Rück den Zaster röber!«, ward se barsch upföddert. Se reagiert as'n Uhrwark un frogt: »Goht ji denn weg un dot mi nix?«

De beiden kiekt sik kört an, de eene schüddelt mit'n Kopp: »Nää, Omma, du hest us seh'n un kanns us genau beschrieben. Du musst weg! Hest jo würklich lang genog lävt!« Se blivt jümmer noch ruhig, weil se nu genau weet, wat se do'n mutt. Se bückt sik, kummt wedder hoch un stöhnt: »Dor in de ünnerste Schuvlade, dor hebb ik mine Geldkassette. De möt Se sik sülmst ruutholen, De Schuvlade klemmt jümmer so dull ...«

De grötere von de Räubers kummt an, schuv ehr grob no de Siete, wat Fro Lindemann utnutzt, un sik achtern Rürch dat groode Brotmesser grippt, un dat achter sik aflegt. Villicht kann se dat nutzen in düssen Fall hier.

De annere Keerl is innen Schlopzimmer angange un wöhlt ehren Schrank dör, wobi he siker alle Wäschestücke ruut ritt un döreenanner smitt. As de Groode sik bückt un up de Knee geiht, wittert Fro Lindemann ehre Chance. Se holt deep Luft, grippt no de Isenpann, holt önnig ut un haut se den Bösewicht von achtern öbern Dassel. De sackt tohopen as'n Mehlsack, stöhnt bäten un röhrt sik nich mehr. Fro Lindemann entwickelt ungeohnte Kräfte, un den Mot von eene Kriegerin, nimmt de Pann, holt de achter sik, un marschiert so in dat Schlopzimmer. De tweete Räuber kippt jüst den Nachtdisch öber Kopp un schimpt vör sik hen. As he sik ümdreiht, weil he ehre Schritte hört, holt Fro Lindemann nochmols mächtig mit ehre Pann ut. Bevör he no Siete springen kann, drüppt em de Schlag von vörn annen Schädel, de schwore Waffe summt isern, un he knickt üm as'n gefällten Bom. He stöhnt noch een Mol, tuckt noch'n poormoll mit Arme un Beene, röchelt, verdreiht de Ogen un is still.

Fro Lindemann bekikt ungeröhrt dat Szenario, schüddelt sik un wunnert sik ober ehre ungeohnten Kräfte. »Wat nu?«, frogt se sik luer, aver denn schreitet se to Taten. Se stigt öber den Räuber henweg no ehren Nachtschrank hen, de schräg up'm Bodden liegt, ritt de Dör open un grippt sik ehrt Handy ruut. Se ropt 110 an, geiht inne Stuv un tövt. Angst hett se nich mehr, de beiden Verbräkers sünd jo schachmatt – aver wat is, wenn se jem doot haut hett? Nu ward ehr doch mulmig, is se denn eene Mörderin? Oh Gottegottnochmoll! Se fangt an to bäbern. Up een moll klingelt dat. Schworfällig steiht se up, schlurft no de Dör un mokt open.

Twee Polizeibeamte stürmt in de Wohnung un frogt, wat los is. »Dor!« Se wiest jem den schlappen Verbräker annen Bodden innen Schlopzimmer un den inne Köken. »De künnt ji beide mitnähmen, Ik bün mit jem fertig!«

De Beamten kiekt verdutzt un kümmert sik üm de Banditen. Se ordert eenen Krankenwagen un eenen Bestatter. Fro Lindemann hett den Keerl inne Köken doot haut un denn innen Schlopzimmer krankenhuusriep henricht'.

De Beamten frogt no de Tatwaffe. Se wiest jem de Isenpann. De Beamten grinst anerkennend un schnakt von Notwehr. Se kloppt ehr anerkenend un zart up de Schullern.

As de beiden Verbräker afholt weerd, nähmt de Beamten mit Fro Lindemann een Tathergandgs-Protokoll up. Dorno is Fro Lindemann so fix un fertig, dat se irstmoll eenen starken Kaffee mokt. De Beamten kriegt ok eenen af, dat hebbt se sik schließlich verdeent.

Annen nächsten Dag läst Fro Lindemann inne Zeitung: »Taffe Oma verprügelt Diebesbande ...« den folgenden Bericht läst se nich mehr, weil se sik argert – dat is doch unbeschreiblich unmöglich! De hebbt ehr as **Oma** beschräben ...

Gefährliche Ehe

De Fier is goot ingange, de Gäste sünd bi Äten, Drinken un Musik höchst vergnögt. Bloß Erika un Horst is de Untofrädenheit antoseh'n, aver se versökt, wenigstens an düssen Dag to schaupellern. Se sünd de Anlat to düsse Fier: 10 Johre sünd se nu verheirotet, obwoll Erika all johrelang von Scheidung schnackt, weil se sik uteenanner lävt hebbt.

Horst's Schwester hett düsse Fier organiseert, üm jem tohopen to holen, so as Chance för jem ehre Ehe. Horst is Vertreter in Saken Landmaschinen un meist de ganse Wäk ünnerwägens. Erika verköft Schoh in eenen Fakgeschäft. Bloß sönndags hebbt se Tiet vöreenanner, aver dat well enfach nich klappen, weil se sik meist inne Wulle kriegt. Erika hett ehren Horst mächtig innen Verdacht, dat he dat mit annere Fronslüe drivt. Af un to nimmt se Telefonanrope entgegen, un denn is eene Fro inne Leitung un frogt no »Schatzi!« Dat is doch höchst verdächtig!

Erika un Horst hebbt keene Kinner, hett nich klappt. Horst schlög ehr foken vör, dat doch mol ohne Gummi to probeeren, aver dat löt Erika nich to, weil se Angst för Aids un so'n Tügkrom harr. Se wüsste jo nich, mit wem un wat sik Horst so rümdreevt.

Aver hen un wedder givt se sik Möhe mit Koken, un wenn se Horst denn frogt, wo em dat Äten schmeckt, giv de Lump to antwurt: »Worüm socht du denn all wedder Striet?« Denn kokt bi Erika verständlicherwiese de Wut öber. Mondagmorns bi'n Fröhstück, wenn de beiden sik för eene Wäke wedder trennt, möchte Erika ehren Horst an'n leevsten Rattengift in sinen Kaffee do'n. Horst holt sik de Zeitung vör't Gesicht, üm sik ehren verknäpenen Gesichtsupdrück nich antokieken. To seggen hebbt se sik denn man bloß »Tschüss!«

Wenn Horst sönnavens weeder no Huus kummt, un se sik unbeobachtet föhlt, dörsocht Erika as Irstet sine Böxen- un Jackentaschen.

Manchmoll fin'd se Hotelräknungen un komische Notizen. Denn denkt se sik dat Schlimmste dorbi, wat »Schatzi« woll alles so dräben hett.

Bi'n Avendäten sitt he ehr mit'n seeligen Gesichtsutdruck afwäsend gegenöber. So empfind' Erika dat jedenfalls, wenn se em beobachtet – düssen schienbor höchst tofrädenen Kater.

Een Anrop kummt, beide springt hoch un wüllt den Festnetz-Hörer upnähem, aver Erika is fixer.

Horst si'n Fründ Ewald well mit Horst schnacken. Horst legt no dat Gespräch den Hörer weg un deelt Erika mit, dat hüte si'n Männeravend bi Jan Wind inne Kneipe is. »Verdammich! Leste mi wedder alleen?«, bölkt Erika. »Jowoll!«, tönt Horst. »Du quakst mi doch sowieso den gansen Avend öber de Ohren vull!«

De Männeravend ward lustig. Annen Enne fischt sik Horst eene Zeitung ut'n Ständer, kikt dorin rüm, holt sik von Jan, den Wirt, eene Schere un schnitt fein säuberlich eenen Artikel ut. »Wat schnittst du denn dor ut?«, well Jan wäten.

»Och du, den Artikel öber den Ehemann, de sine Fro koltblütig ümbrocht hett, weil se as'n Stasi-Wief jümmer sine Antog -Taschen dörsocht hett.«

»Un woto bruukst du düssen Artikel?«

»Den stäk in in mine Antog-Taschen.«

Dat nächste Wäkenenne lopt af as jümmer: Erika dörsocht Horst sine Taschen un find den Artikel.

Ehr ward kolt un denn heet. Wat hett ehr Horst denn vör? Nu weet he jo, dat se em gründlich mißtrot. Nu is ehr dat Wäkeneenn so verdorben, dat se vergrellt no'n Bett geiht. Dat annere Bett blivt de ganse Nacht leddig – wo wör Horst? Erika ward so vergrellt, dat se sik kuum inkriegen deit. Se bölkt vör sik hen: »Dat use Ehe kaputt is, is bloß Horst sine Schuld! He well mi losweern! Och Gottegottnochmoll, wat mok ik denn bloß?« Se sett sik hen un sinniert Böset: »In jeden Keerl stikt ok wat Goes! Un wenn dat bloß dat Kökenmesser is!«

Eene Wäke is wedder üm un Horst kummt brummig no Huus. As he Erika ansichtig ward, sackt sinen Luune up'm Nullpunkt. Wat se nu woll wedder up Lager hett? Och, se mössten sik trennen! Se möken sik de Wäkenennen jümmer surer. Dat woll he ehr avends vörschlo'n, ok, wenn dat siker mächtig Theoter givt.

Aver Theoter fallt ut, Erika kikt bäten unglövsch, aver se well eben bäten nodenken. »Uff!«, stöhnt se innerlich. »Ik hebb Angst, dat he mi nachts afmurksen well!« Se hett in si'n Auto een komischet Messer sichtet, as se den Kufferruum opmök. Dat stikt in eene Ledderscheide un dorup steiht: »Schweizer Jagdmesser.« Se mutt em tovör kaumen! Aver bloß wie un wo?

Se zerbrikt sik den Kopp. Aver up een Mol hett se dat! Jauhau! Se well noch een Mol mit Horst eenen Sönndags-Utflug moken. Wenn he inwilligt, mutt se em tovörkaumen. Horst zögert irst, aver denn willigt he in. »Mit mi'n udder di'n Auto?«, frogt he. »M ...mit minen!«, ropt se glieks. Bloß nich mit si'n Auto mit dat Jagdmesser dorbinnen! Se föhrt los, find een schönet Waldcafe un mokt dor Pause. Erika hört de Ünnerholung von dat junge Poor annen Näbendisch. Dat is jo interessant! De wüllt Bungee-Springen! Se frogt, wo dat denn is. Se gävt Utkunft:

»Gor nich wiet von hier. Dat is annen Barg, dor möt ji mit'n Fohrstohl hochföhren.« Erika bedankt sik. Horst si'n Intresse is dor. Also föhrt se los un find den Ort. Se föhrt mit'n Fohrstohl hoch un stoht boben annen Bungee-Jumpig-Stand. Dor is gor nix los, keen Minsch is hier. Erika kikt up de Klocke, mokt de all üm fief Uhr dicht?

Se wittert ehre groode Chance – nu udder nie! Se stöt kolblütig ehren Hort den Afhand runner un bölkt em no: »Du wollst doch all jümmer moll ohne Gummi!«

Gefährlichet in Paris

Wenn een Keerlsminsch vonnen Lande in eene frömde Grootstadt kummt, de he nich kennt, is he woll mannigmol verloren. Hans-Werner Klüßen is een rechter Landmann in de besten Johren.

To'n irsten Mol well he innen Urlaub no Paris föhren. Dorvon hett he so väl Dulles hört, dat em dat nu mächtig reizt, dor wat Schönes to beläben.

Ans hett he jümmer innen Allgäu urlaubert, de brunen Keihe mit de klangvullen Glocken üm de Hälse bewunnert, sik in dat Almgras sett, un sik so de Tiet recht langwielig verdräben. Sennerinnen geevt dat dor jo nich, un de smucken Deerns in Dirndeln mit deeben Utschnitten un herrlichen Inblicken wören alle vergäben. As he moll eene anbaggern dö, hett he glieks mächtig wat up de Snuten krägen von de Dörpskeerls.

Jau, un nu af no Paris! Hans-Werner hett sik in een Hotel inmietet. In de irsten Dage lopt he bäten kopplos dör de Gegend. Jümmer, wenn he no Sehenswürdigkeiten frogt, versteiht em keen Minsch.

Un he versteiht ok keen Wurt Französisch. Dat kennt he jo nich, he kann bloß Plattdütsch.

Avens in eenen Lokal, wo dat all so rosig gedimmt is, wo so gans annere Musik spält, lehrt he eene Wohnsinnsfro kennen. Un wo dat so is, säuselt se em no een poor Sektkgläschen wat Französischet in't Ohr, wat he wedder nich versteiht. Se begrippt, dat he Dütscher is. Bäten Dütsch kann se snacken un dat mokt se so söt, bet he ehr frogt, ob se em nich een poor Stünnen schenken könn.

»Mon Cheri, das kann isch doch! Dasch koschtet abber 100 Eurros, und dann machen wirr uns es schönn, und dann maken wir das Kuckuks-Schpielschen.«

Hans-Werner is jo gans ut'n Häuschen, he willigt glieks in un givt ehr dat Geld. Se drinkt noch eenen Afsacker, un denn goht se verleevt in een

Hotelzimmer. Se verklort em dor irstmol glieks dat »Kuckuks-Spell.« Se flüstert: »Mon Cheri, isch rufe nun »Kuckuk«- erst ziehe isch meine Schuhe aus und dann du – un so geht es weiter nach jedem »Kuckuck«, bis nix mehr am Body isch. Kannscht du das mitschpielen?« Un ob he dat kann! Vör Erwartung un Upprägung zittert he jo all.

Se schmitt em eenen grazielen, französischen Handkuss to, un mokt dat Licht ut. Jeder von jem ropt afwesselnd »Kuckuck« un he tüht sik innen Wessel een Kleedungsstück no'n anneren vonnen Lief.

As Hans-Werner denn völlig nackedei innen Zimmer steiht, kriggt he up si'n »Kuckuck« keene Antwurt mehr. Nanu! Wat is denn los? He tapst no'n Lichtknipser. Och du Schreck, de Fro is weg! Un sine Kleedasche ok. Alles weg. Ok si'n Geld!

Jau, wat nu? Panik un Sweet bräkt em ut. He kikt no'n Finster hen – Mannometer, dat ward jo all hell buten! Wo schall he bloß hier weg kaumen mit Nix annen Lief? He stört stöhnend up dat Finster to, wat is denn dor buten los? He ritt de Ogen open un kikt ruut. Dor marschiert doch üm düsse fröhe Morntiet eene Delegatschon von fief Indern in wiete, bunte Gewänder inhüllt vörbi!

He fot sik annen Kopp, hett de rettende Idee, ritt de witten Vörhänge runner, wickelt sik dorin in, so as man dat woll mit Saris mokt, stört de Treppen runner, ruut ut den Personolingang, lopt achter de Inder ran, un schlutt sik jem an. Dat is sine Rettung! Uff!

Dor dreiht sik eener von de Inder üm, grinst achterhältig un frocht: »Na Kollege – ok Kuckucks-Spell spält?«

Ludwig, dat Monster

Inne Zeitung stünn: »Schon wieder Großbrand in Wolfshusen! Scheune fiel Flammen zum Opfer! Geschätzter Schaden bis zu 250.000 Euro. Zur Brandursache liegen noch keine Hinweise vor. Es wurde niemand verletzt.«

Genüsslich nöhm Ludwig düssen Artikel to Kenntnis. Denn köm jo bald wat up em to; nämlich eene Menge Versikerungsgelder. Ludwig wör Chef, keen normoler, sonnern een ungewöhnliker Chef mit düstere Geheimnisse. He wör Leiter von eene groode Agrar-Wirtschaft. Dat Ungewöhnlike wör, dat em regelmäßig eene von sine grooden Schünen afbrennen dö. De Kripo harr all öfter Brandstiftung vermotet, aver dat löt sik nie bewiesen. Wie de Brände jümmer ingange kömen, wör Ludwigs Geheimnis. He wör Besitter von mehrern grooden Schünen, in de Stroh, Futtermiddel, landwirtschaftliche Maschinen lagert, un ünnerstellt wören.

Ludwig schmunzelte in sik rin. Schünen ansticken is un blivt eene Wätenschaft. Dat wör nix för Laien! De Kunst bestünn dorin, dat sik nix nowiesen löt, wenn Kripo un Versikerungen de Sake up'm Grund güngen. Ludwig harr verschwiegene Hölper, de em to Deensten wören. De betohlte he öbermäßig goot, dormit se de Schnuten hölen.

Allerdings een Mol – do hett sik doch eener von jem erdreistet, Ludwig to erpressen. He födderte eene groode Summe Schwiegegeld von em! Ludwig hett den Mann vertröstet up de nächste Wäke, as wedder eene Schüne in Brand geroern schöll. Gemeensom mit den erbärmlichen Erpresser hett Ludwig no genauen Beobachtungen un Öberlegungen in de groode Schüne eenen Brandsatz legt. Bevör aver dat Füer hell uploderte, hett he den untreuen Mitwäter mit'n Lehmann, den grooden Vörschlaghammer, de nich tofällig achter de Schünendör stünn, von achtern den Schädel tweischlogen. De Verräter güng denn ok mit de Schüne in Flammen up. Ludwig entfernte sik flott in dat Auto von den

Unseligen, womit se ok hierher föhrt wören.- Jahaaah, een Ludwig achterlöt keene Sporen!

Notürlich wören Skelettdeele no den Brand funnen, aver de Kripo güng in düssen Fall von Sülmstmord ut, weil sik de Fro von den Identifizeerten scheiden loten woll. Se harr utseggt, dat he Alkoholiker wör. För Ludwig löp de Sake wedder mol rund, dank siner gerätenen Schlauheit. He föhl sik siker.

No düsse Angelägenheit harr he all längst wedder dree Schünen an Brandstifter verloren, as de Zeitungen dat schreeben ... Dat könn'n jo bloß Brandstifter wäden no de Reege an Schünengrootbränden, löt de Kripo schrieben, un man sochte feeberhaft no de udder den Öbeltäter. In düssen kritischen Tietruum löt Ludwig de Finger von Benzin un Füertüg. He un si'n treuer Kumpan Max hölten sik torücht, üm bloß nich erwischt to weern.

Se möken irst Mol Urlaub, üm bäten Gras öber de Schünenbrennneree wassen to loten.

Dat wör jo ok dat Vernünftigste. Groottügig harr Ludwig de Flugtickets samt Urlaub betohlt.

De beiden leegen an eenen wunnerschönen Strand in warmen Sand un Ludwig tönte: »Du Max, düssen Urlaub hett doch glatt de Versikerung betohlt! Vör den lesten Schünenbrandschaden hebb ik önnig kasseert! Wi beide künnt riek weern, wenn du to Stange un dicht holst, Mäxchen! Heste kapiert?«

Max nickkoppte, beindruckt von de Raffinesse Ludwigs - obwoll he, dat hett he sik insgeheim ingestoh'n, doch bäten Angst för em un sine brutolen Mokenschaften harr. Ludwig könn gefährlich weern, wenn eener nich no sine Wiesungen inne Spor löp. »Dat kann doch nich gans stimmen in de Welt, wenn Minschen mit Bedreegereen regeert weern möt«, sinneerte he bi sik. »Aver sogor Politiker sünd nich an Wiesungen bunnen, höchstens an Öberwiesungen.«, tögt he Fazit.

Avends bi Beer annen Pool tönte Ludwig: »De Minschen sünd so infältig un hangt dull von Ogenblicks-Indrücken af, dat eener, de jem täuschen well, jümmer eenen find', de sik ok täuschen lett.«

Indringlich keek he Max dorbi inne Ogen. De mösste schlucken, weil em Ludwig würklich huushoch överlegen wör. De könn mit em moken, wat he woll! Max harr Angst för em! Nachts wälzte he si ruhelos rüm, weil em düt Läben ünner Ludwigs Regie nich mehr behagte. He mösste weg, wiet weg, aver Ludwig würde em finnen. Schließlich steek Max genauso inne Schiete as Ludwig. He wör Mitwäter von all de Schandtaten un Morde, de Ludwig utklüngelt, un de se een Mol gemeensom begoh'n harrn.

De Sake mit Ludwigs Fro, de steek Max jümmer noch inne Knoken. Ludwig harr domols eene begüterte, öllere Fro heirot', bloß, üm an ehrt Geld to kaumen. Se wokte streng doröber, dat he ehr treu wör, wat den Ludwig üterst schwor fallen dö. Sine Hobbys wören Bedreegen un achter de Wieber ran to wäden. Dat wör mit Hulda, sinen Dragoner, bald vörbi. Se överwakte em streng, he könn nix ohne ehre Tostimmung moken.

Eenes Avends schöll Max, de Hofmitarbeiter, de groode Güllekuhle achtern Vehstall open moken.

Dorno schöll he luut bölken, dormit dat Ehepoor ruutköm, üm to seh'n, wat eventuell mit dat Vehtügs los wör. Schließlich harr Hulda 50 leistungsstarke, düre Keihe mit in de Utstüer brocht.

Se köm vör Ludwig angestört, he achterher. Se woll von Max wäten, wat los wör. Dorbi stünn se dicht an de Kuhle un schimpte, dat de open wör. Dat wör lichtet Späl för Ludwig: een Schubs un se versöp in de Güllekuhlen.

Dat Ganse tögt een langet Ermittlungsverfohren no sik. Ludwig mösste önnig Strafe betohlen, weil lichtsinnergerwiese de Kuhlen ohne Upsicht avends noch open wäden wör. Max wör as Übeltäter henstellt un kreegt Bewährungsstrafe. He wör för jümmer an Ludwig bunnen, wenn he nich eenen Utweg fünn. He wüsste genau, dat Ludwig körten Prozess mit em mök, wenn he weg woll. Tügen, de nich treu wören, schickte he in de Hölle.

Wedder torücht up dat landwirtschaftliche Anwesen löt Max de Gedanke an Flucht nich los, aver dat wör unsinnig. Irstens harr he nich genog Geld, un tweetens ok Angst üm si'n Läben. Also mösste he wat anneres moken. Entweder föhrte he to Hölle udder Ludwig. So as he si'n Läben hier lävte, wör dat unerträglich.

Kört för Wiehnachten harr Max eenen Plan, de siker wör, so dachte he. He wör mit Ludwig in de neeste Schüne ingange. Hier schöll de Inweihung mit Bürgermeister, Füerwehr un Dörpslüe mit groden Pomp fiert weern. Geld genog harr Ludwig jo, he wüsste woll nich mehr, wohen dormit.

Alles stünn parot: Dische, Bänke, bunte Lichter, un de groode Theke.

Max hett sinen Plan würklich in Angriff nohmen. He zapfte Beer in twee Gläser, wat Ludwig lachend billigte. Max wies'no de Deckenbeleuchtung, Ludwig dreihte sik üm, keek hoch. In düssen Moment langte Max fix in de Böxentaschen, tögt eenen lütten Buddel ruut, mök den open un kippte den Inhalt in Ludwigs Beerglas. Dat Beer wirbelte hoch, as Ludwig dat Glas an de Lippen sett', een poor groode Schlucke nöhm un »Prost!« röp.

Denn greep he sik annen Hals, röchelte fürchterlich, de Ogen füll'n em bald ut'n Gesicht, un he schlög wild üm sik. Max güng in Deckung. Ludwig störte up em to: »Du verfluchter Hund!«, würgte he heiser ruut »Wat hest du in min Beer kippt? Ik bring di üm!«

Ludwig kreegt Sweetutbrüche un Lähmungen, he könn nich mehr goh'n. Denn kreegt he fürchterliche Krämpfe un sackte dol up eenen Strohbulschen. Max bo'sik för em up, weil dat mit Ludwig to Enne güng, un röp em hämisch grinsend to: »Betrügen und betrogen werden, nichts ist gewöhnlicher auf Erden!«

Morde in de Senioren-Residenz

De Avendsünne lett leste Strahlen öber de Villa Auental gleiten. Inmitten von grönen Parkanlagen ümgeben von Büschen un Bömen ligt de exklusive Senioren-Residenz. Schnell ward dat düster, as de fürig-roer Sünnenball annen Horizont ünnergeiht. Liese bewegt de Nachtwind de Büsche.

Gans langsom kummt een schwarter Kombi de Upfohrt hoch. De Kies knirscht ünner de Reifen, as dat Auto achterüm an den Lieferanten-Ingang föhrt. Denn geiht alles gans fix: twee Personen stiegt ruut, mokt den Kufferruum open, twee annere Personen kaumt mit'n Sarg ut den Ingang, un schuuvt em in den schwarten Kombi. Een poor Würter weert liese wesselt, eene Breeföbergabe folgt, un denn föhrt de Kombi langsom los.

Annen anneren Morn, as 16 Senioren/rinnen bi'n Fröhstück sitt, verklort jem de Direktorin Frau von Haberlandt, de ok gliektiedig de Egentümerin von düssen Prachtbo is, dat Fro Gertraude von Bleckwitz innen Öller von 87 Johren leider verstorben is. Eene Gedenkminute för Fro von Bleckwitz ward afholen.

De Gäste, de hier in düsse noble Villa wohnt, sünd erlesen un goot betucht. Senioren mit normolen Renten hebbt hier nix verloren, hier künnt bloß ole Minschen mit dicken Bankkonten wohnen. Middags stellt Fro von Haberlandt de nee Mitbewohnerin Charlotte Berger vör, de een groodet Vermögen in Form von eene Fabrik achter sik hett. Fro Berger ward argwöhnsch bekäken von de hier wohnenden Senioren, aver se fügt sik glieks in. Se bewohnt de Suite von de verstorbene Fro von Bleckwitz. De Anfroge-Liste is lang, hier kann bloß eener norücken, wenn jemand dotgoh'n is.

Eenen Monot loter geiht de Sünne glutrot ünner, dat ward düster. Longsom kummt wedder de schwarte Kombi de bekieste Upfohrt hoch, föhrt an den Personol-Ingang, twee Personen stiegt ut, eener mokt den Kufferruum open, twee annere Personen drägt eenen Sarg ruut, un schuuvt em fix in den Kombi. Een lieser Wurtwessel, eene Breef-Öbergabe, un de Kombi föhrt weg.

Bi'n Fröhstück annen anneren Morn givt Fro von Haberlandt trorig bekannt, dat Herr von Sonngard leste Nacht innen hogen Öller von 94 Johren dat Tietliche segnet hett. Glieks ward sine Suite wedder betogen von eene Seniorin mit prachtvullen Kontostand.

De Villa Auental bleiht gans prächtig. Se ward düngt mit de monotlichen Suite-Mieten. Fro Direktorin von Haberlandt schätzt sik glücklich över den ständig wassenden Riektum. Sorgen hett se nich, weil jo jümmer wedder Senioren norückt, wenn eene Suite dör Dodesfall free ward. Personol is genog dor, un Fro Dokter Ute de Garlande versorgt däglich de Senioren. Se ward hoch schätzt von jem, sikerlich besonners, weil se französisch adelig heet. Fro Dokter is jo ok fründlich un hartlich to jeden. Den französischen Nonomen hett se no ehre Scheidung beholen. Mit Dr. Ute Schmitt harr se hier keene Chance krägen.

»Lot mi bloß tofräden!«, bölkt Anton von Sobeck sine Nichte Doris Wolters, geborene von Sobeck an, de em monotlich besocht un sik üm sine Finanzen kümmert.

»Onkel Anton bitte! Föhr mit mi no de Bank un övertüg di, dat di'n Geld un de Aktien alle noch dor sünd! Ik nähm di doch nix weg!«, verteidigt sik Nichte Doris. »Och, düsse verdammte Giezkrogen!«, denkt se bi sik. Onkel Anton kummt ut'n Sessel hoch: »Du beklaust mi doch jedet Mol, wenn du Geld för mi holst, Doris! Meenst, ik mark dat nich? Fro von Haberlandt hebb ik ok Vullmacht gäben, dormit du Bescheed weeßt!«

De Nichte schluckt schwor dol. Dat hett se nich dacht, dat se nu eene Uppasserin hett! Weil se Onkel Antons Konto verwalten deit, hett se sik heimlich jümmer moll wedder eenen lüttjen Betrag dorvon tokaumen loten, obwoll ehr för ehre Arbeit een Gehalt överwiest ward. So'ne

Schiete aver ok! Hett de olle Onkel doch wat wittert? Egentlich hasste se em von Kind an, weil he jümmer gnatterig un hässlich wäsen is.

Onkel Anton studeerte de Konto-Utzüge un de Aktienfondberichte, de Doris em brocht hett. Ohne hochtokieken, winkte he heftig mit de Hand no Doris. Dat heet, se schöll sofort verschwinnen! »Jedet Mol dat Glieke!«, denkt Doris »Man schöll em den faltigen Hals ümdreih'n!« Se ropt noch: »Bet nächsten Monot!« Jüst, as de de noble Suite verloten well, kummt Fro Dokter de Garlande rin. Öberschwenglich begröt se Anton von Sobeck, prüft sinen Puls, schmitt dorbi eben eenen Blick up de Konto-Utzüge, de open up den Disch liggt, frogt no dat Wohlergoh'n, lett een poor düre Vitalis-Drinks dor, strikt Herrn von Sobeck upmunternd öber de Schullern, un geiht. »Bet Morn denn, Herr von Sobeck!«, winkt se em to ...

Veer Wäken loter, de Sünne is glutrot ünnergoh'n, kummt een schwarter Kombi knirschend de Kiesupfohrt lang, föhrt an den Personolingang, twee Personen stiegt ut, eener mokt de Kufferklappen hoch, twee Personen drägt eenen Sarg ruut un schuuvt em flott in den Kombi. Een Wurtwessel un eene Breeföbergabe, un de schwarte Kombi föhrt wedder weg.

Annen annern Morn kummt Fo von Haberlandt mit'n groode, brennende Kerze un verkündet trorig, dat in de fröhen Morgenstünnen Fro Charlotte Berger friedlich inslopen is. Enige Senioren /rinnen kiekt schockeert. Fro von Kalkstein ropt: »Is doch nich möglich! Jeden Monot starvt hier jemand, dor kricht een jo Angst!«

Bifälliget Nickkoppen bestätigt dat. Direktorin von Haberlandt meent beschwichtigend: »Aver mine Herrschaften! De verstorbenen Damen un Herren hebbt een schönet Öller erreicht. Denkt Se bitte dor an!« De zittrige Herr von Sonderburg ropt mit brüchiger Stimme:»Sünd wi denn ok bald anne Reege?« De anneren raegeert bäten unruhig, bet se ehren söten Sekt-Slopdrink kriegt.

Veer Wäken loter, de Sünne is jüst glutrot achtern Horizont verschwunnen, ward dat glieks düster.

Een schwarter Kombi föhrt langsom up de Kies-Upfohrt ran, bögt af no den Personol-Ingang. Twee Personen stiegt ut, eener mokt den Kufferruum open, twee Personen drägt eenen Sarg ut den Ingang, schuuvt em in den Kombi, een Wurtwessel mit Breef-Öbergabe erfolgt, un denn föhrt de Kombi wedder weg.

Annen nächsten Morn, de Senioren sitt bi'n Fröhstück, een Platz aver blivt free, as se sik twiefelnd ankiekt. Wer denn nu all wedder dot bläben is. Fro von Haberlandt kummt gebückten Hauptes mit Kerze un verkündet mit pietätvuller Stimme, dat leste Nacht de Herr von Sonderburg von sine Demenz un Parkinson erlöst wurn is.

Algemeenet Murmeln is to hören un angstvulle Blicke sünd up Fro von Haberlandt richtet. »Ob se wat mit de Monots-Sterberee to do'n hett?«, lispelt liese eene Seniorin.

Twee Dage sünd vergoh'n, dor is Herr von Sonderburgs Suite wedder besett. De Sömmer verafscheed sik langsom, de Dage weerd körter. Fro Dokter de Garlande verafreekt Vitalis-Drinks gegen Verküllungen un Grippe. Dormit gewinnt se sik schöne Extra-Boni näben ehrt üppiget Gehalt. Tscha, je mehr Geld eener kriggt, desto lichter is dat för em, een Lump to weern.

Veer Wäken loter, de Sünne is all ünnergoh'n, düstere Nebelschwaden wabert öber Villa Auental, dor föhrt een schwarter Kombi up de Kiesupfohrt an den Personol-Ingang. Twee Personen stiegt ut, eener mokt de Kufferhube open, twee Personen drägt eenen schwarten Sarg ruut, un schuvt em in den Kombi. Een lieset Gespräch, eene Breeföbergabe erfolgt, un de Kombi föhrt wedder weg.

Annen nächsten Morn sitt de Auental-Gäste an den Disch. Se wät all, wer nich mehr kummt, aver nu kummt Fro von Haberlandt mit flackernde Kerze rin, un deit mit lieser Stimme kund, dat Herr von Sobeck dot in sinen Sessel upfunnen wurn is.

Dat hett se man jüst verkün'd, as up een Mol twee Herren vonnne Kripo, un een Hauptwachtmeister vonne Polizei achter ehr stoht. Se verjogt sik fürchterlich, de olen Minschen ropt unruhig döreenanner, enige sackt in sik tohopen. Dat gesamte Pläge-Personol mutt ingriepen, inslo-ten Fro Dokter de Garlande, üm de Minschen versorgen.

De Kripobeamten stellt väle Frogen, nähmt besonners Fo von Haberlandt as Inhaberin von Auental in't Gebet. Een Mannschafts-Polizeiauto rückt an, ses Beamten stürmt rin, dörsökt de Büros un nähmt väle Akten un dree Laptops mit.

De Kripo is dör eenen Bestatter up de fief Dodesfälle in monotlichen Afständen upmarksom wurn. De Lieke von Herrn von Sobeck is in de Gerichtsmedizin landet. Noforschungen no de anneren veer Lieken hebbt ergäben, dat de inäschert wurn sünd. Dor an is also nix mehr nowiesbor. De Kripo nimmt in de nächsten Dage de ganse Villa Auental uteenanner. Vörher sünd alle Pflegekräfte, Fro Dokter, un ok de olen Minschen gründlich befrogt wurn. Dat hett aver nix ergäben. Innen besonneren Verdacht, de Dodesfälle inszeneert to hebben, steiht Fro von Haberlandt. Se wör in Ünnersökungshaft, aver no eenen Dag is se wedder free kaumen, weil ehr rein gor nix notowiesen wör.

Monotelang goht de Ermittlungen füdder. Dat Kuriosum aver is, dat keener in de Villa mehr in den gewohnten monotlichen Rhythmus storben is. Dat is seltsom. De bangen Frogen sünd, wer wör de Monots-Mörder/in? Mordet de bald wedder?

Enige betuchte adelige Senioren verlöten angstvull de Villa un tögen woanners hen. Dat Ansehen von Auental lett beträchtlich no, bet genog Tiet vergoh'n is, keener mehr an de Monots-Doten denkt, un de Suiten sik wedder füllt mit olen Geldminschen.

Twee Johre sünd intwüschen vergoh'n. Fro Dokter de Garlande arbeitet nich mehr för Fro von Haberlandt in de Villa Auental. Se is no München togen, un hett sik mit eene Schönheits-Praxis in de düersten Gegend sülmstständig mokt.

Twee Assistentinnen stoht ehr to Siete. Enige betuchte Damen ut de Münchner high sosiety lot sik bi Fro Dokter de Garlande Tronensäcke, Falten un Hängebacken wegmoken. Egentlich is eene Hülpe oberflüssig, weil dat to wenig Patientinnen givt, aver Fro Dokter schnackt von bäteren Tieten un beholt se. Fro Dokter schafft sik trotzdem düre Instrumente an, köft in Kunstgalerien Biller un Sitt-Elemente, obwoll se dat no ehret Inkaumen gor nich betohlen kann. Dat geiht munter so füdder, bet de Praxis eenem Edel-Etablissement gliek kummt.

Eene Assistentin wunnert sik längst, woher dat väle Geld bloß kummt. Se beobachtet välet, aver se schwigt.

Eenes Dages is de ole Fro Darcy, de sik geern Lady Darcy nömt, un de beste Kundin bi Fro Dokter de Garlande is, in ehre Hotelsuite verstorben. In dat folgende Praxis-Johr von Fro Dokter de Lagarde hebbt dree betuchte Damen ut de Münchner Gesellschap dat Tietliche segnet.

De upmarksome Assistentin mokt Entdeckungen, de se veranlasst, de Kripo intoschalten. Veer Beamte stürmt in de fröhen Mornstünnen de Praxis, as Fro Dokter jüst öber ehre Geschäftsböker sitt. Se is totol öberrascht, kann nix mehr in Sikerheit bringen, un ward up de Stee verhaftet. Richtig mit Handschellen, un af geih't in de U-Haft.

Dor stellt sik denn bald ruut, dat de Assistentin, de ehre Beobachtungen vertellt, weil se sik öber Insulin-Sprützen, de in den Köhlschap leegen, wunnern dö. No jeden Dodesfall fehlte jümmer eene, weil se de genau tellt harr.

Fro Dokter entholt sik de Utsagen, se schwigt. De Lieken, de nich inäschert wur'n sünd, weerd exhumeert. De Patholge find' aver nix to de Dodes-Ursake ruut. In Bezug up de Verdachtsmomente von de

Assistentin, de fröher bi de Kripo arbeit' hett, stellt de Pathologe klor, dat Insulin no de Verafriekung no een poor Stünnen nich mehr nowiesbor is. Eene hoge Doseerung, in de Vene gesprützt, föhrt to'n sikeren Dot.

Un nu kummt de ganse Mörderee richtig an't Licht vonne Wohrheit. Alle Morde in de Villa Auental weerd Fro Dokter de Garlande to Last legt, aver bewiesen lett sik gor nix! Ehrt Bankkonto mokt önnig wat her, aver ok hier kann ehr keener wat noseggen, weil se jümmer goot verdeent hett. Ehr Anwalt verkünd', dat man bloß Vermotungen upstellt harr, aver keene Bewiese upwiesen könn. Somit ward Fro Dokter de Garlande wedder free, aver ehrt Ansehen hett notürlich gewaltig Schaden nohmen.

In München kann se nich mehr praktizeeren, also verköft se ehre Praxis mit Verlust. Se reist mit ehren Anwalt no Venezuela ehrt Geld achterher, dat dor up geheime Konten up ehr tövt.

Riektum is de Fähigkeit, jümmer aftoschöpfen. Wer genog Skupellosigkeit besitten deit, bruukt keen Gewäten!

Mordslust to Tweet

Sanft un zärtlich masseert de Physio-Therapeut Elsas Schullern. Egentlich mösste he kräftig henlangen, üm ehre Verspannungen to lösen, aver dat well he ehr nich ando'n. Se is sine Favorit-Kundin. Elsa Bernstein, eene füllige 51jährige un vermögende Witwe von eenen Chemie-Fabrikanten. Mit Villa, Penthouse-Wohnung un dickem Bankkonto schall Elsa sine Tokunft sikern. Em blivt nix anneres öbrig, as se to ehelichen, obwoll em dat towedder is. He hett nich Mol Toneigung för de Witwe, he is bloß up ehrt Vermögen scharp. Een Hinnernis is, dat Elsa dree erwassene Kinner hett. De wüllt em siker Steene innen Weg schmieten.

Elsa föhlt sik geschmeichelt, weil de flotte Frido, ehr Masseur, sik besonners kümmert, wenn se to Behandlung kummt. He zelebreert dat richtig, wenn he ehr ut de Bluse, un denn up de Liege hölpt. Un wenn se up'm Buuk liggt, un he ehr sanft den BH opmokt. se beröhrt un strokelt, jogt ehr dat heete Schuer öber den Puckel.

Frido Castello tellt 33 Lenze. He is Half-Italiener. Sin Vadder, den he nich kennt, hett domols eene Ostfriesin schwängert, un sik glieks wedder ut'n Stoff mokt. Dat Ergävnis von de körte Liason is Frido.

Frido, de egentlich Fred heet, hett sik düssen Nomen tolegt, weil dat so italienisch klingt ... Frido Castello ... dat mokt doch wat her! Aver leider süht he von Natur gor nich italienisch ut. Also hett he Arger mit si'n Utseh'n, un gans besonners Arger mit to wenig Mammon. Sine Finanzen well he bald upbätern mit Elsa, aver an si'n Utseh'n mutt he jümmer arbeiten, weil he leider nich de italienischen Gene von den Vadder arft hett. In Natura hett he nämlich straatenköterfarvene Hoore, so twüschen blond un schmuddelig, un is blass as ostfriesischer Quark.

Fred farft sik jeden Monot de Mähne deepswart, liggt inne Wäke dree Mol up de Sünnenbank, un traineert sik ok dree Mol wäkendlich Muskeln an. Uterdem hett he sik ses schneewitte Jacketkronen leistet, un lehrt bäten italienisch. Un dat alles bloß, üm de Damenwelt as heetblütiger Italiener to beindrucken!

Af un to is he ok Spälbankkunde. Dorüm hett he keen Geld, aver massig Schulden bet to Ünnerlippe Oberkante. Nu baggert de schöne Frido hengebungsvull bi Elsa, bloß, dormit he bald an Geld kummt.

De Sake mit Elsa geiht rasant vöran. Se is verleevt un hett ehren Kinnern mitdeelt, dat se sik wedder verheiroten well. Dat tögt bannig Striet no sik. Is jo gans klor, dat de Kinner Angst üm ehre Arfdeele hebbt.

Frido bewaffnet sik mit eenen öberdimensionolen Rükerbusch, den he up Räknung köft hett, un lett sik mit'n Taxi to Elsas Villa chauffören. Grootortig träert he up, as em Elsas öllere Dochter Gerlinde kritisch bekikt un em zögerlich rinlett. »Dat is he also, Mamas junger Galan!«, denkt se un vertellt ehren Geschwistern un deren Ehepartnern von ehren Indruck. Alle sünd se upgebrocht, berotschlogt, wo se em wedder losweerd. Dat is doch keen Keerl för Mama! Se weerd sik dorin enig, dat jeder von jem sik eenen Plon utdenkt, de ok geern fies wäden kann, üm den Galan lostoweern. Un dat so fix as möglich!

Aver Mama Elsa lett nich von ehren italienischen Frido af un de Hochtiet ward fiert. Ehre Kinner wören vörher üterst skeptisch. »Ik heirote, basta!«, ropt Elsa »Ob jo dat recht is udder nich, basta!«

De schöne Frido is nu Ehemann von Elsa Bernstein-Castello. He hett sinen Job upgäben un massiert sine Gattin in ehre Privatrüme, jeden Dag twee Mole. Se is öberglücklich, aver ok föddernd. Frido mutt jümmer in ehre Nöchte wäden. In de irsten Wäken holt he dat noch ut, aver mit de Tiet ward Elsa em unerträglich. Ok ehre Dochter Gerlinde kann he nich verdrägen,

Sabine, de Jüngste, lehnt em totol af. Olaf, de Fabrikerbe, nimmt em nich moll irnst. He belächelt Frido afwertend, wenn he Geschäftliket mit sine Mudder beschnacken well. Dat kränkt den Halfitaliener mächtig, aver wat noch schlimmer is, he kummt nich an Elsas Geld. Se stellt em monotlich een ansehnliket Gehalt to Verfügung. Dat hett he aver jümmer glieks verbruukt, üm sine Schulden to betohlen, si'n italienischet Utseh'n to plägen, un de Muskeln to erholen.

Innen Sportstudio süht he eene nee Trainerin, mit de he glieks een füriget Verhältnis anfangt. Oh, dat deit goot! Frido geneet de frische Huut, dat wilde Temperament von Ulrika. Dat is doch wat Anneret as de langwieligen Akte mit Elsa, de sik jümmer up'm Puckel legt, ehren wilden Stier ropt, un em de Arbeit moken lett.

Ulrika, de Trainerin, is verrückt no Frido Castello, aver se hett ok keen Geld, un bloß Schulden. Fridos Leidenschaft för Ulrika költ sik bald af, weil se sik mit em öffentlich wiesen well. Dat geiht nie nich! Elsa draff bloß nix von düt unselige Verhältnis wäten!

Frido wesselt dat Studio, aver Ulrika wesselt ok, un folgt em no as de Jünger Jesu, wohen he ok geiht. Dat ward gefährlich, Elsa könn dorachterkaumen. Frido kummt to düssen Entschluss – Ulrika mutt weg!

Frido weet, dat se ut Polen kummt. Also opfert he sin Monatsgehalt von Elsa, mokt ehr klor, dat he eene Fortbildung moken well. Ulrika föhrt mit em in ehren Wagen no Polen to Besök . Se well Frido ehren Verwandten vörstell'n.

De Sünne meent dat goot, dat is heet, un jem ok. Ulrika weet enen eensomen See. Ründümto nix as Gebüsch un Wiete. As se beide annen Seeufer sitt, mokt Frido eenen Wienbuddel mit Dreihverschluss open, un gütt twee Plastikgläser halfvull. Wat Ulrika aver nich wäten kann: Frido hett den Wien mit Rattengift anriekert un zwar so mächtig, dat Ulrika wäten well, worüm de so streng rükt,

»Och Schatz! Dat is een neer Wien, de si'n junget Extravolumen noch entfaltet. De ward noch richtig goot! Probier doch moll!«, föddert Frido ehr up un drückt ehr een Küsschen up. Ulrika nippt un schüddelt sik. Frido deit so, as wenn he eenen Schluck ut ehret Glas nimmt, holt ehr dat annen Mund, drückt ehren Kopp gewaltsom no achtern, sett dat

Glas an ehren openen Mund un kippt dor den Inhalt rin. Ulrika wehrt sik, well schreien, schluckt dol, hostet, schleit üm sik, kriggt keene Luft mehr. Schielend kikt se em an, zuckt irre, windet sik, springt up, ehr is schwinnelig, se süht duppelt, se geiht up em los, he holt ehr fast, se ritt sik los un blivt an de Seekante stoh'n, un well sik erbräken. In düssen Moment süht Frido sinen Moment: He stöht Ulrika kräftig an, dat se in't Water fallt. Se japst, well hochkaumen, aver Frido drückt ehren Kopp so lange ünner Water, bet se schlaff ward. Den schubste he de Lieke noch kräftig an, dormit se vonnen Ufer afdriftet.

So, de Sake mit Ulrika wör erledigt, se hett doch sülmst Schuld hat. He woll ehr nich mehr, dat hett se leider nich kapiert. Frido schövt ehren Wagen achter een Gestrüpp.

»Bet den eener find'«, denkt he sik, »kann dat lange duern in düsse eensome Wildniss.« He weet, dat he eenen langen Footmarsch vör sik hett bet to'n nächsten Bohnhoff, aver dor mutt he nu dör.

Elsa nimmt em leebevull in Empfnag, as he möde no twee Dage in de Villa ankummt. Se föddert glieks Massage un ehelichte Plichten von em. Em schudert vör düsse leebeshungrige, ole Fro. De mutt he ok noch losweern. Eene Mordslust packt em, as he ehren Puckel masseert. Se schreit up, weil he ehr so scharp angrippt.

De Ehe mit Elsa ward unerträglich för Frido. He föhlt sik richtig inspeert. He frogt ehr eenmol no ehre Konto- Geheimnummer. Elsa schüddelt ehren Kopp un lacht em wat: »Nää, min Bester! Dat blivt min Geheimnis. Du kriggst doch di'n Geld! Vergitt bloß nich, dat du ohne mi nix wörst!«

Oh Mann! Frido is in Rage, he sinneert jeden Dag, womit he de ganse Familje in't Nirvana schicken kann. Gerlinde beobachtet em, se schlikt achter em ran. Seit Gerlinde vör twee Wäken von ehren Mann scheed wurn is, de angävlich bloß achter ehrt Geld her wör, de ok noch mit sine Geliebte een Kind mokt hett, wohnt se in Elsas Villa.

»De Fro mutt toirst weg!«, beschlutt Frido. Un zack, hett he all eenen Plan! Gerlinde föhrt eenen dromhaftigen Sportwagen, eene AlfaRomeo 4C in Swart! Dor is Frido ok scharp up, aver leider süht si'n Plan wat Anneret vör. Weil he all jümmer een Fan von Sportwagen is, weet he bäten wat von de Technik. He beobachtet Gerlinde, wenn se mit dat Geschoss losbrummt, dat de Kies up de Tofohrt hochflügt. Se schient eene rasante Fohrerin to wäden. »Dat is fein!«, denkt Frido.

Eenes Avends, as de beiden Damen mit Elsas Auto wegföhrt, is si'n Moment dor. He geiht in de Garagen, wo ok Gerlindes Flitzer steiht. He weet, dat se den Wagen nie afschlutt. So hett he lichtet Späl. He sett sik rin, fummelt ünner dat lackswarte Armaturenbrett rüm, bet he erledigt hett, wat he woll. Bevör he geiht, strokelt he bäten trorig över dat Auto: »Du wörest so schön to mi passen, du echter, rassiger Italiener!«

Frido mutt sik in Geduld foten, bet Gerlinde eenes Avends, as dat düster ward, dat Auto ut de Garage föhrt un afbrummt. Annen nächsten Morn sitt he mit Elsa annen Fröhstücksdisch ohne Gerlinde. Se is ok middags noch nich dor. As Frido avends Elsa innen Büro find,' is de luut annen Schluchzen: »Se hebbt Gerlindes Wagen funnen! Se hett de scharrpe Kurve woll nich krägen un schall mit hogem Tempo de deepe Böschung runnersuust wäden!« Elsa weent vertwiefelt: »Frido, Gerlinde is doot!« Frido atmet lustvoll deep dör. »Wunnerbor, hett doch klappt!«, denkt he un bemöht sik glieks trorig tröstend üm Elsa.

Eenes Nachts, no Erledigung ehelicher Plichten, wobi he an Sportwagen denkt, sinnneert he füdder, wo he Olaf, Elsas Sohn samt Ehefro, möglichst problemlos in't Jenseits beföddern kann. Dat ward schwierig! He kummt up nix Vernünftiget. Dagelang brikt he sik den Kop twei, läst Mords-Krimis, besorgt sik free käufliche Schlopmiddel in Form von Drüppen. Em fallt gor nix in. Olaf un Fro wohnt nich inne Nöchte, also mutt he jem, wenn Elsa ehren Geburtsdag fiert, wat innen Kaffee do'n – un denn?

Aver Frido is jo een Glückspilz: ohne si'n Todo'n passeert dat, wat si'n Drom is: Olaf is up Geschäftsreise mit'n Flieger up den Rückweg afstört. Väle Verletzte un Dode weerd meld'. Elsa un Frido holt sik anne Hänne un tövt up Noricht. De kummt ok bald mit de Polizei. Olaf hett den Afsturz nich öberlävt, aver sine Fro Helga, de schworverletzt in eene Klinik liggt. Frido triumpfeert innerlich.

Üterlich spält he gekonnt den Troernden. Dorbi denkt he ok an Helga, de schworverletzte Schwägerin – hoffentlich geiht se bald doot! Ans mutt he dor ok nohölpen. Olaf ward mit grodem Pomp ünner de Eer brocht. Alles, wat Rang un Nomen hett, is dorbi. Frido hört, wo sik Olafs Geschäftspartner ünnerholt. He stellt sik dicht achter de Gruppe un speert de Ohren up.

»Tscha, die Frage ist, wie solls nun ohne den zukünftigen Chef Olaf Bernstein weitergehen? Die Mutter ist zwar die Chefin, aber wer leitet jetzt das Werk? Bleibt nur die jüngste Tochter. Sie hat ja schon unter ihrem Vater mitgearbeitet. An die müssen wir uns in Zukunft wohl halten.«

Frido hett genog hört un kümmert sik von nu afan üm Sabine, un ehren wiet ölleren Ehemann.

Sabine is egentlich eene Schönheit, wenn man von ehre harten Gesichtszüge un dat energische Kinn afsüht. Se is schlank, hett lange, roe Hoore un eene deepe Stimme. Un se ward Universalerbin!

Sabine is nu foken in de Villa antodräpen. Frido mokt Elsa den Vörschlag, Sabine mit Mann hier gans wohnen to loten. De beiden teht bald in, un Frido strokelt sik sinen intelligenten Kopp. Dat lopt gans no sinen Plon!

Twüschen em un Sabine entwickelt sik mit de Wiele eene Vertrotheit. Avends, wenn ehr Mann un Elsa sik möde to Ruhe begävt, weil Frido jem in ehren Nomiddags-Tee jümmer Schlopmiddel in de Teekanne drüppelt hett, sitt Sabine un Frido geern noch bi eenen Glas Rotwien tohopen. Frido mokt ehr schöne Komplimente, nimmt ehre Hänne un himmelt Sabine regelrecht an. So kummt, wat kaumen schall: Frido stigt heimlich mit Sabine in't Bett. Beide berotschlogt, Sabines olen Keerl geräuschlos un unupfällig ut de Welt to schaffen. Sabine givt em allavendlich eene höhere Dosis Schlopmiddel un lett sine Harttabletten weg, bet he eenes Morns för jümmer friedvull wegduselt is. Sabine arft si'n Huus, sine Aktien, si'n Bankkonto un sinen Geländewagen.

Mit ehre Mudder Elsa kummt se nich klor, dat wör all jümmer so. De beiden liggt nu stännig innen Klinsch, wägen dat Geschäft. Elsa well de Chefin blieben. Sabine sinnt up eenen Utweg, wo se an den Chefsessel kummt.

Elsa is up unerklärliche Wiese, as se seggt, jümmer möde un lustlos. »Wo kann dat bloß angoh'n?«, jammert se, un geiht all nomiddags to Bett.

Eenes Winter-Nomiddags lett Frido besorgt üm Elsa, warmet Water in de Wanne lopen, weil ehr so kolt is. Se freit sik up een utgiebiget Bad un lett sik von Frido no de Wanne föhren. Se torkelt seit längerer Tiet mächtig. Frido mutt ehr foken bi välen Dingen hölpen, dat deit he geern, weil Sabime un he eenen Plon hebbt.

Nu kummt dat Finale: he hölpt sine Fro ut ehren Bademantel, un in de Wanne mit duftigem Badeschaum. Wohlig streckt se sik ut. Frido holt twee Gläser Wisky, Elsas stark verdünnt mit Schlopmiddel, un stöt mit ehr an. He schuvt eene CD mit klassischer Musik in dat Radio, de se geern hört, nimmt si'n Glas un lett Elsa alleen, as se all träge ut de Ogen kikt. No eene ganse Wiele kikt he wedder no ehr. Se liggt un rögt sik nich, as he ehr anropt, aver se atmet noch gans flach. Aver nich mehr lange, weil Frido sanft ehren Kopp ünner Water drückt.

Elsas Beerdigung is Geschichte, un Sabine endlich de absolute Chefin öber Fabrik, Villa, Penthouse un alle Bankkonten. Schwägerin Helga hett all vör Wäken dat Zeitliche segnet, nodem Sabine ehr innen Krankenhuus eenen Besök afstattet hett.

Överglücklich föhrt Sabine un Frido to'n wollverdeenten Urlaub up de Galapagosinseln. Düt Ziel hett Sabine utsocht. Dat is wietaf von Tourismus un Trubel. Ruhe un Erholung sünd anseggt. Frido drängt Sabine, em möglichst bald to heiroten, aver se hett noch Bedenken wegen de Troertiet, de mutt'n aftöben.

Avends hebbt se fein äten un drunken in ehrt romantische Ferjen-Domizil. Beide sünd licht beschwipst. Sabine hett een Motorboot miet'. Dormit well se unbedingt noch bäten ruutschippern, weil dat Meer so herrlich lockt. Frido givt sik geschlogen un deit ehr den Gefallen.

As se wiet genog ruutschippert sünd, holt Sabine mit zauberhaftigen Lächeln eenen Wienbuddel ruut un güt een Wienglas halfvull. Se wiest Fred up den dromhaften Sünnenünnergang hen un drückt em dat Wienglas hen. Fred is verzückt von Sabine. »Och, is dat Läben schön!«, ropt he un denkt an dat väle Geld, in dat he bald rümwöhlen kann. Euphorisch sett he dat Glas annen Mund, nimmt eenen kräftigen Schluck un schluckt dol. Denn nimmt he noch eenen, wat is dat denn mit den Wien? Bäh, bitter!

Sabine beobachtet em ut kole Ogen. Em ward speiöbel, schwinnelig: »Min Gott nochmoll!«, schütt em dat dör – Sabine hett em vergiftet! He kann't nich foten un ropt heiser: »Binchen, wat hest du mi ando'n? Bring mi sofort in't Krankenhuus!« He röchelt, em ward dat innen Magen eng un Angst schnört em den Hals to.

Sabine lacht em höhnisch an: »Mi'n Schatz, du hest Rattengift intus. Dat reekt för dine Himmelfohrt!« He steiht up, well up ehr los. Se bückt sik no de Siete weg, un he stört koppöber in dat romantische Meer, duukt noch een Mol up, as se den Motor anschmitt, kehrt mokt, un afsuust. Se kikt sik noch Mol üm, he is nich mehr to seh'n. Se lacht luer un ropt in den Avendwind: »Beide hebbt wi tohopen use Ziele erreicht! Aver mi'n endgültiget Ziel wör, di ok noch lostoweern, du Mordskeerl!«

Nacht-Kampf innen Schlopzimmer

Dat wör kört no Middernacht. Luise un Klaus Sonders wören jüst up den Weg innen Deepslop, as dat knisterte un knackte. Dör düsse Geräusche wör Luise up'm Schlag hellwaak. Se reet de Ogen open un keek no dat Finster. De Nachtwind blähte de Gardinen up, de Mondsichel stünn gans bliek annen Heben, as sik eene Wulken dorvör schöv. Oh, up een Mol wör dat nachtschwart. Een heiserer Ulenschrei löt Luise tohopenschrecken. Denn wör dat dotenstill.

Luises Blootdruck stegt rekordverdächtig an, as se sik de Däken bet an't Kinn hochtögt. Klaus' lieset Atmen wör kuum to hören. Een luutet Pultern reet Luise in de Höchte. Se rüttelte ehren Klaus wak. De verjögt sik un woll wäten, wat wör. Luise flüsterte em to. »Mok bloß keen Licht an! Ünnen is villicht eener inbroken! Dat hett raschelt un eben pultert. Stoh up un kiek no, wat dat is.«

»Dor is doch nix, du hest wool schlecht drömt, du Bangbüx!«, nuschelte he, woll sik ümdreih'n un wieterschlopen.

Luise greep no em: »Hörst du dat nich? Up de Treppen bewägt sik wat! Dor schliekt eener hoch! De kummt glieks bi us an!« Se bäberte un schlotterte vör Angst. »Klaus, do endlich wat!« Unwillig brummelte Klaus. »Jümmer ik! Dor is doch nix! Ik hör nix!«

Jüst in düssen Moment schlurfte dat von Richtung Treppe, gans luer löt sik sowat as'n Stöhnen hören. Dat köm langsom näher bet an dat Footenne von de Betten. Klaus schöt hoch, seet uprecht in Luerstellung. Wirre un angstvulle Gedanken schöten em dört Gehirn. Lähmung mök sik in em breet, he könn nichmoll no den Lichtschalter langen. Si´n Mot un Kampfgeist, wo wören de hen? Harrn se sik verflüchtigt, weil villicht de Doot annen Bettenne stünn?

He atmete schwor, dat Hart pulterte em bet innen Hals hoch as verrückt. He lusterte in de Finsterniss, alles dootenstill! Em gruselte, aver he mösste wat do'n, üm to öberläben. He sprüng mit eenen Satz, de olympiariep wör, ut'n Bett, un taperte mit vörgestreckten Armen in Richtung Bettenne. Een Poltern löt em vör Schreck torüchtstolpern. Dorbi reet em dat Gummi von de gestriepte lange Pyjamaböxen twei, un rutschte em in de Kneebeugen. Dat löt em dermoten tohopenschrecken, dat he sik üm de egene Achse dreihte as'n Brummkreisel. Up een Mol spörte he an sinen bloten Mors wat Kolet, dat em achterwarts angriepen dö. Mit eenen Ruck schmeet he sik rüm, holte mit sinen rechten Arm gewaltig ut, un schlög mit de geballte Fuust up wat Hartet. Sofort klirrte dat luer, an sine Hand wör dat gans warm.

He taperte füdder, föhlte an de Beene wat unangenöhm Struppiget, stolperte, füll lang hen, un schlög dorbi mit'n Kopp up wat Kantiget hart up. Sekunnenlang bleevt he liggen, half betäubt von den Bumms annen Dassel, aver noch manns genog, üm sik stöhnend uptorichten. Aver wo wör de richtige Richtung, üm dat nächtliche Ungeheuer to erldigen? He greep üm sik un kreeg de Kommode to foten, de dicht an de opene Schlopzimmerdör stünn. Nu wüsste he ok, wo he wör. Dat löp em warm öber de Stirn un de Ogen, blöerte he so dulle? Dat steigerte sine Wut öber dat Ungeheuer innen Schlopzimmer bet in't Unermätliche. Nu irst recht!

He taperte wedder Richtung Bett, weil he von dor wat Komischet hörte. Mannhaft börte he sik risch up, beide Arme no vörn richtet un beide Füste to'n Doodesschlag ballt. Vörsichtig sette he sine Föten vörwarts, den gansen Körper vuller Adrenalin, un schleek sik an dat Duppelbett ran. Si'n Otem güng schwor, de Sweet löp em den Puckel dol bet up den blanken Mors.

Dor! Wedder een Scharren, as wenn eener weglopen woll! »Na töv!«, röp Klaus luer. »Kumm her du Strolch! Ik mok di fertig! Ok innen Düstern!« He hörte Luise ünner ehre Bettdäken liese wimmern. He mösste ehr beschützen un sik heldenhaft wehren, sofort up de Stee!

Mit eenen Satz sprüng he in Richtung Duppelbett, latschte dorbi up wat groodet Warmet, stolperte vörwarts, höl sik jüst noch so eben in Balance, as he von achtern wat Quietschendet un Hechelndet vernöhm, un gliektiedig wat heftig Schmerzhaftiget an sine Kehrsiete verspörte. He füll up de Knee un schlög noch eenmoll mit sinen Kopp up de Bettkante up. He richtete sik aver glieks wedder up, nu wüsste he jo endlich moll de Richtung, wo he sik befünd'. He grabbelte in de Düsterniss no den Lichtschalter, drückte mannhaft to, un endlich wör dat lichthell.

He keek sik staunend üm – öberall Bloot- un Kampfsporen! Wo wör dat Nacht-Ungeheuer? Harr he dat in de Flucht schlogen? Soo wat! Em wör schwinnelig, he harr Kählen. De Kopp dö em weh, de rechte Hand blöerte, un as he sik up de Bettkante dolsetten woll, löt he eenen Tarzanschrei los, weil em achtern allet weh dö. He keek an sik dol. De Anblick wör nich schön.

De Pyjamajacken rekte jüst bet annen Buuknabel, von dor an wör alles free. Een wichtiget Körper-Deel baumelte ünnern Buuk lustlos un deprimeert vör sik hen. He höl de linke unverletzte Hand dorvör un inspizeerte mit geschwollenen Ogen si'n Ümfeld.

Luise stöhnte noch jümmer angstvull ünner ehre Däken, aver dat Dullste offenborte sik em nu: dat Nachtgespenst legt zitternd up Luises Footenne up ehre Bettdäken! Dat wör Hasso, de groode Familjenhund!

Nich to foten, wat de anricht'harr! De wör nachts jümmer ünnen in de Stuuv bläben, aver as he boben de Kammerdör open wittert harr, wör he hochschläken, üm sik up de Betten to verkrümeln, wat em streng verboern wör.

In Klaus sackte de Adrenalinspeegel mächtig af, fast schomte he sik dorför, dat he sik as'n nächtliche Kampfmaschine gegen sinen egenen Hund upföhrt harr. Harr he doch bloß Licht anmokt, aver Luise woll dat nich. Se harr egentlich de meiste Schuld an de Gespensterjagd, jowoll! Se harr sik dat ünner ehre warme Bettdäken gemötlich mokt, während he hier alleen gegen Ungeheuer kämpfen mösste!

Allet dö em mächtig weh, he güng no den grooden Speegel, och du Schiete! Den harr he mit sine rechte Fuust innen Eifer det Kampfes tweischlogen! He dreih sik üm, dormit he sik wenigstens bäten in den Speegelrest von achtern bekieken könn. Un oh weiahh ok! An de rechte Orschbacken klaffte eene gor nich so lüttje Wunde. Klaus folgerte dorut, dat em de egene Hund, as he in de Düsterniss up em latscht wör, vör Schreck önnig innen Mors bäten harr!

Ut de Anstalt

Hedi un Oskar sünd beide all lange Patienten in eene Nervenheilanstalt. Se hebbt sik mit de Tiet beide anfrün'd un goht foken ünner Upsicht miteenanner spazeeren. Se sünd beide geistig mächtig anslogen. Se is vör Johren bi Rot öber de Ampel latscht un he is besopen vonnen Balkon fall'n. Dorbi hebbt jem ehre Köppe siker den Schaden weg krägen.

Eenes schönen Dages goht se wedder Hand in Hand ünner Upsicht spazeeren. Dorbi kaumt se an eenen Pool vorbi. Oskar blivt stoh'n, kikt'n bäten verdreiht, grient Hedi schielend an un springt up een Mol in vuller Montur in den Pool. Glieks sackt he dol as een Steen un duukt nich wedder up. Hedi öberlegt nich lange, holt sik de Näse to un springt entsloten achterher, üm ehren Fründ to retten. Se duukt af, spaddelt mächtig ünner Water rüm, un denn kummt se wedder hoch, legt sik up'm Rürch un tüht den schlappen Oskar an de Ohren an den Poolrand.

Dor steiht de Upsicht in Form von eenen Pläger, de tüht dat Poor an Land. Hedi smitt sik mit vuller Wucht up Oskars Böstkassen, wippt mit ehr ganset Körpergewicht, jümmerhen 87 Kilo, jümmer up un dol, bet Oskar dat Water ut den Mund schütt, un he langsom de Ogen opensleit.

Hedi jubelt un knutscht em, wat dat Tüg holt. De Pläger kikt sik dat an, dreiht sik üm un geiht weg. He ward hier siker nich mehr bruukt. Oskar is wedder to'n Läben kaumen un Hedi kümmert sik leevevull üm em.

As de Anstaltsleiter von düsse heldinnenhafte Tat hört, beandragt he Hedis Entlotung. He meent gans siker, dat se nu geistig stabil un ok toräknungsfähig is. Wenn een Minsch so öberlegt hanneln kann as Hedi dat do'n hett, is he siker totol klor innen Kopp.

Annen nächsten Dag kloppt he an Hedis Dör un well ehr de groote, goode Neeigkeit öberbringen. He bot sik vör ehr up, grippt no ehre Hand un ropt betonend: »Hedi! Ik hebb eene goe un eene schlechte Noricht. De goe Noricht is – du warst morn ut de Nervenheilanstalt gesund entloten in een neet Läben. Weil du nämlich fähig wörst, eenen anneren Patienten dat Läben to retten. Dorüm denke ik, dat du nu dine mentole Funktschon wedder torüchtkrägen hest. De schlechte Noricht allerdings is, de ik di leider öbermiddeln mutt is, dat Oskar, den du rett' hest, sik kört dorno mit den Gürtel von sine Böxen innen Badezimmer uphangt hett. Dat deit mi gans leed, kannste mi glöben. Oskar is doot!«

Hedi kikt em kört an un ropt denn: »He hett sik doch nich ümbrocht! Ik hebb em innen Badezimmer to'n Drögen uphangt!«

Verenas Geheimnis

Töfräden in sik rin griened lett Verena dat Water ut de Geetkanne ünner den Haselnussstruuk rieseln. De Struuk is recht groot wurn, se gütt em jeden Dag. Se harkt dat Water leevevull in, kikt sik ehr Mokwark an un denkt torücht, wat vör säben Johren passeert is. Se strokelt öber de Blöer, weil de Struuk ehrt Geheimnis gans siker bewohrt.

Seit Verena un Michael vör veerteihn Johren heirot hebbt, harr se wat uttostoh'n. Michael is Landwirt, hett den grooden Hoff von sine Öllern öberschräben krägen. Dorför harr'n de Öllern Wohnrecht up Läbenstiet.

Leider wör Verenas Schwiegermutter so krank, dat se de meiste Tiet innen Bette liggen mösste. De Dokter güng bi jem in un ut. Verena woll geern eene Plägerin instellen, weil se dat alles nich mehr schaffte. Domols hett se eenen Hofladen inrichtet, un den to bedeenen, köst' eene Menge Arbeit, aver de bröcht' jem jümmer goode Innohmen.

Jeden Dag bedeent Verena väle Kunden, weil se fast alles in ehren Laden hett, wat de Minschen to'n Äten un Drinken bruukt. Sogor sülmstgemokte Marmelade hett se innen Angebot. De riet ehr de Kunden richtig ut de Hänne un ruck zuck, is de wedder alle, un se mutt wedder nee moken. Se hett 50 Höhner, Anten un Göse to versorgen, mutt dat Huus sauberholen, un jeden Dag Äten koken vör alle.

Michael hett innen Arntetiet jümmer landwirtschaftliche Hülpen. Aver Schwiegermudders Pläge, Dag un ok bi Nacht, dat hett Verena domols enfach nich mehr schafft! Se hett sik mit Schwiegervadder tohopen sett, üm em to bitten, dat he eene Plägerin instellen schöll, de ok bi jem wohnen könn. He aver wehrte glieks luutstark af:

»So wat kummt mi nich in't Huus. Hier lopt all genog Lüer rüm! Dat könntest du doch goot mitmoken, aver ji beiden kriegt den Hals jo nich vull! Worüm mutt Michael sik'n grooten Stall för 80 Keihe boen – 20 hebbt doch jümmer langt. Un denn klogst du öber to väl Arbeit?«

»Vadder, de Tieten hebbt sik stark ännert. Von 20 Keihe künnt wi nich mehr läben.« He lachte höhnisch. »Weil ji nich wirtschaften künnt, ji jungen Bäterwäter, ji!«

»Vadder!«, versocht Verena dat noch mol: »Mudder kriggt doch Plägegeld, dorvon künnt ji siker eene Hülpe betohlen!« He sprüng vonnen Stohl hoch, schimpte fürchterlich un haute af in sine Olendeelerwohnung.

Schließlich hett Michael eene nette Plegerin instellt, hett ehr een Zimmer to Verfügung stellt. Dat Enne von dat trorige Leed wör, dat si'n Vadder de Plegerin schikaneerte, wenn se bi sine Fro wör. Eenes Morns, as de Plägerin sik üm de kranke Fro kümmern woll, rüng de fürchterlich no Atem, se zitterte heftig. As se wedder to sik köm, brök dat ut ehr ruut: »Ik mutt hier weg! Mi'n Mann hett mit mi schimpt, dat ik olt, krank un nixnützig wör, dat ik keen Recht mehr up Läben harr! Un denn hett he mi een Kissen up dat Gesicht drückt. Gans fürchterlich!«

Verena hett de Schwiegermudder glieks röberholen loten in ehre Wohnung. As de Plägerin buten innen Goern wör, hett de bösortige Schwiegervadder se unsittlich angräpen un bedrängt.

Dorno köm een polnischer Pläger, den schlög he von achtern een Brett öbern Puckel. De Pläger hett em önnig verprügelt.

Von dor afan köm de an sik rüstige Vadder kuum noch no buten, obwoll he vörher noch up'm Hof mitarbeitet' harr. Michael hett väl Geduld upwiest, as he sinen Vadder jümmer wedder verkloren dö, worüm de Arbeiten hüte anners mokt weern mössten as fröher.

Aver nodem si'n Vadder eene Koh half dotschlogen, den olen Trecker gegen de Wand brettert harr, meente Michael in Göe to em, dat dat bäter wör, wenn he nich mehr up'm Hof mithölpen dö. Si'n Vadder wör bösortig, stellte Michael mit Schrecken fast. Vadder wör jo jümmer wüterig wurn, wenn wat nich no sine Näse löp.

Mit de Tiet wör de Schwiegervadder gemein to Verena, wenn se innen Goern Gemüse för den Hofladen plücken dö. He beleidigte ehr as Schlampe, de dat bloß up den Hof afseh'n harr. Aver se löt em links liggen, se wör glücklich, dat se endlich schwanger wör. Lange harrn se up Nowass tövt, nu schöll in fief Monoten wat Lüttet kaumen.

Se wör jüst inne Schüne ingange, woll Hau för de Kälber holen, as ehr mit eenmoll von achtern eener angreep un dolstött. Hämischet Lachen wör to hören un de böseortige Schwiegervadder röp: »Kannst ruhig no dinen Keerl ropen, de us up'm Felde. Musst mit mi vörleev nähmen!« Un denn passeerte dat Schreckliche: he vergewaltigte Verena gans brutal! Se schleppte sik in't Huus un röp den Krankenwogen, weil ehr Bloot an de Beene dol löp.

As se wedder to sik köm, deelte ehr de Dokter mit, dat se leider ehrt Kind verloren harr. Se wör unendlich trorig un wütend toglieks. Michael harr de Polizei ropen un de harrn sinen Vadder verhaftet. No de Gerichtsverhandlung hett he man bloß een poor Monote sitten mösst un köm wedder no Huus. As Schwiegermudder dat gewohr wör, is se vör Angst storben.

Schwiegervadder packte sine Saken, he woll hier weg, he harr jo keene Fründe hier, as he kund dö.

Avends güng he in de Kneipe, köm bi'n Düsterweern schimpend angetorkelt, direkt up Verena to, de jüst de Goernpurten dicht moken woll. Se verjögt sik düchtig. He drängte ehr torücht bet no de lüttjen Büsche, de Verena anplant harr. He grinste achtergründig: »Bevor ik von hier afhaue, hau ik di doot, du Schlampe!«

Eene Alkoholfahne weihte Verena an. Se greep achter sik un kreegt den Spaten tofoten, de annen Tuun stünn. He greep ehr an un legte sine Hänne as Isenklammern üm ehren Hals. Dorbi torkelte he hen un her. Verena aver stött em heftig vör'n Buuk, he löt los un krümmte sik, woll wedder up ehr los. Se holte önnig mit den Spaten ut un dröp em annen Kopp.

»Doiingg!« klüng dat, as he tohopen sackte. Verena öberlegte nich lange un haute noch twee Mole up sinen Kopp. »Du Beest schasst dootgoh'n!«, röp se dorbi. He rögte sik nich mehr. Verena prüfte sinen Puls annen Hals, nix, he wör würklich doot!

Een Triumpfgeföhl öberköm ehr, dat he nich mehr wör. He harr toväl Unheil anrichtet, he harr den Doot verdeent.

Verena hett, as'n Uhrwark automatisch hannelt: se nöhm den Spaten, nöhm den lüttjen Haselnussstruuk ut de Eer, buddelte een groodet, deepet Look, jüst as de Dotengräber dat up'm Karkhoff mokt, tögt ünner Sweeten un Stöhnen den schlappen Schwiegervadder-Körper ran, un trudel em koppober in de Deepte. Se pruschte:»Gott sei Dank büst du doot! Du Schwien!«

Un denn schüppte se de väle Eer up em. As dat Grav dicht wör, nöhm se leevevull den lüttjen Hastnussstruuk un plante em dorup in. »Du schasst wassen un groot weern, Du hest feinen Dünger ünner di. Wi beide bewohrt von nu afan een groodet Geheimnis, mi'n Fründ!«

De Söke no den bösen Schwiegervadder wör no eene gewisse Tiet instellt un herrliche Ruhe kehrte bi Verena un Michael in.

Jeden Avend geiht Verena ehren Fründ, den Haselnussstruuk begeeten. Se strokelt sine Blöer un drückt ehrt Gesicht in em rin. »Min Fründ, min schwiegsamer Fründ! Keen een kennt used Geheimnis!«

Wer weet, wer weet?

»Wat is denn bloß los bi Schindlers innen Laden?«, ropt eene Noberin de annere öber de Straaten to.

»Is jo gräsig! Jeden Morn jümmer de Bölkeree. Dat schreckt doch Kunden af! Also, ik mag dor bald gor nich mehr hen, wenn se achter den Fleeschthresen steiht. Se kikt so vergrellt ut.«

Jo, dat is so, dat sik dat Ehepoor Schindler all lange nich mehr enig is. Se, Mechthilde, well jümmer allens bestimmen, wat dat Geschäftliche angeiht. Schließlich hett se vör 26 Johren, as se Heribert Schindler, den jungen Schlachtermeister heirot hett, väl Geld mitbrocht, dat glieks in den Ümbo von eenen moderneren Laden stäken wör.

Ok de groode Wustköken achter den Laden wör mit modernen Gerätschaften utrüst. Heribert un Mechthilde hebbt dat Schlachtergeschäft önnig vöranbrocht. He mök de beste Wurst in de Stadt un dat Fleesch wör jümmer bestens. Tofrädene Kunden harrn se genog. Mechthilde stünn achtern Thresen un harr so väl to do'n, dat se eene Hülpe instellte. De junge Fro stellte sik glieks up den Betrieb in, un wör bald unentbehrlich.

Bloß mit Chefin Mechthilde, eene wohrraftiege Walküre mit gewaltigen Böstkasten, un Arme as'n Priesboxer, köm se nich klor. Wenn de Chefin de wuchtigen Arms up de utladenden Hüften stemmte, un denn stimmgewaltig ehren Mann un ehr, Christine, jeden Morn to'n Rapport bölkte, jem Fehlers vörhöl, un jem glieks befehligte, wat den Dag öber to do'n wör, duckten sich de beiden schnell weg, üm den Krach to beenden.

Wenn Heribert, een staatscher Keerl mit önnig Buuk un Armkraft utgestattet, bloß den Mund opmök, kreisch'se em luut an, un he mök, dat he no achtern in de Wustköken köm.

»Nää!«, denkt he sik foken. »Dat is doch keene Ehe mehr! Mechthilde is doch koppkrank. Alles lopt no ehren Willen, se mokt, wat se well, un ik schall do'n, wat se secht! Üm Geld mutt ik bitten, weil se ok Kontogewalt öber mi'n Privatkonto hett. Wat bün ik denn för ehr? Ehr Dussel, udder wat?«

Annen nächsten Morn no de übliche Schimpkanonade Mechthildes, mök he ehr den Vörschlag, se schöll sik bi'n Psychiater anmel'n, weil düsse Tostand nich mehr to erdrägen wör.

Jungedi, wenn he nich glieks Hackengas geben harr, harr ehr Noschlag wegen sinen Vörschlag em hart dropen!

Heribert steiht inne Wustköken un bekiekt sik si'n Schlachtergeschirr. Väl dorvon bruukt he nich mehr, weil he nich mehr sülmst schlachten deit. He lett sik Schwienehölften un Rinderveddel bringen un verarbeitet dat. He nimmt de körte, scharpe Axt inne Hand und denkt dorbi mächtig an Mechthilde. Wo väl hett he all versocht, önnig mit ehr uttokaumen! Jümmer wedder no ehre Attacken, bet se em eenmoll gefährlich mit een Fleeschermesser annen Arm dropen hett, dat se em nosmäten harr.

Aver ok Christine könn Mechthilde nich mehr erdrägen, se woll kündigen. Mechthilde wör eifersüchtig up de hübsche, fliedige Fro, de sik bestens mit Heribert verstoh'n dö.

Irst gistern hett se de beiden inne Wustköken beobacht'. De beiden wören an't Snacken un denn legte Chrichtine ehre Hand sachte up Heriberts Puckel un güng in den Laden. De Kunden löten sik väl leeber von ehr bedeenen as von de Chefin!

Dat verdrög Mechthilde man gans schlecht. Se wör doch väl geschäftsdüchtiger as de lüttje Christine, weil de Chefin, jümmer de Froge an de Kunden stellte: »Draff dat noch'n Tippelchen mehr wäden?« Meist nickoppten de Kunden. Jo, so könn man bestens Geschäfte moken!

Se, Mechthilde, harr de Macht öbern Laden, Kunden un öber Heribert! So schöll dat ok blieben, dor sorgte se aver vör – ehr mök doch keen een wat vör!

Heribert aver, de meist inne Wustköken is, mokt sik irnsthaftige Gedanken üm sine Ehe, de all lange keene mehr is. Irstens lett se em as Ehemann nich mehr an sik ran, tweetens hett he dorto ok keene Lust mehr. Wenn he sine mächtige Ehefro un Tyrannin ankieken deit, sackt sine wenige Lust mächtig ünnern Nullpunkt. He well sinen Drachen enfach bloß losweern.

As Keerl hett he doch een Recht up eene leebe Fro. He well ehr vörschlo'n, dat se sik scheiden löten. Dat he dorbi den Körteren tüht, is em klor. Sinetwägen kann se alles beholen, un em utbetohlen, he kreeg gans siker annerswo wedder Arbeit.

Annen nächsten Morn, noch vör Mechthildes Eruptionen, bot he sik groot vör ehr up un verlangt luutstark un mit Nodruck de Scheidung. Se lopt rot an, suugt deep de Luft in un schnuff den los as'n Osse: »Wat wullt du? Seggt dat nochmoll!« Dat deit he prompt. Se bäbert, langt achter sik no de Fleeschgabel, nimmt Anlop un well em de in den Lief rammen, aver he springt no de Siete. Se stört gegen de Wand un klabastert lang hen. Christine kummt jüst in de Ladendör, kriggt dat Mordstheoter mit, dreiht sik üm un is weg.

Heribert beruhigt sik buten, aver denn hört he Mechthilde ropen. Se kummt alleen nich hoch, un he schafft ehr nich. He ropt sinen Fründ Klaus, den Wirt vonnen »Ochsenkrug« an, de ok glieks kummt, un sik dat Malheur bekikt. Gemeensom hievt se dat vergrellte Wief wedder hoch. Se hett Kählen innen linken Arm un jammert luer.

De beiden Keerls goht no achtern. Heribert vertellt sinen Kumpel dat Vörgefall'ne. Klaus aver weet all lange öber Heribert un Mechthilde Bescheed. »Se harr sik man glieks dootfall'n schöllt, denn wör di'n Drama beend.«, meent he, un Heribert nickoppt dorto.

Aver sine Arbeit ropt. He fangt an, sine von Kunden begehrten Würstchen hertostell'n. Dorto ward Fleesch un väl Speck in den grooden Mixer tweimokt, bet eene rosig-graue Pampe entsteiht. Allerhand Gewürze kaumt dorto, allens ward dör röhrt un denn schall de Masse in de langen Därme mit Hülpe von de Wustmaschine rinpresst weern.

Klaus tüht de Näse scheef: »Dat rükt aver nich goot! Bi mi rükt dat väl bäter no Schnaps un Beer!«

Faszineert kikt he to, wo Heribert mit flinken Bewägungen väle Würstchen entstoh'n lett.

No twee Wäken enigermoten Fräden twüschen dat Ehepoor Schindler, brikt Mechthildes Strietlust wedder ut. Se is nu wedder vull innen Verköp, de Kählen von den Sturz gävt sik, nodem Dokter ehr wat dorgegen gäben harr. Heribert schall nu ruut ut'n Laden un gans achtern blieben. Uterdem mutt he Wüste moken, weil de Vörräte bald verköft sünd. De Walküre jogt em hen un her, bet Heribert völlig utrastet, un gräsige Mordsgedanken kriggt.

De Nobers wunnert sik öber de Ruhe innen Schindlerschen Laden. Unnormal! De Kunden kaumt as jümmer, weerd nett bedeent von Christine, de wedder instellt is. Man ward gewohr, dat Fro Mechthilde gans krank un in psychatrischer Obhut nohmen is, wiet weg von to Huus. »Dat kann ewig duern, bet se wedder toräknungsfähig is«, deelt Heribert jeden mit, de frogt.

Schwungvull mokt he sine Wüste, packt Fleesch af un tellt avens dat Geld. Nu mokt em dat Läben wedder Spoß! Sine Wüste schmeckt väl bäter as fröher, de Kunden rönnt em den Laden in. Si'n Konkurrent, Schlachtermeister Weters, kummt Heribert besöken, weil em de Kunden weglopt, un bi Schindler inköpt.

He well Ursakenforschung moken un kikt Heribert bi'n Wustmoken kritisch to.

Hauptsächlich aver well he sinen Kollegen verunsikern: »Du hest jo goote un jümmer glieke Wust mokt – aver up eenmol schmeckt de so gans anners – pikant, würde ik seggen, udder so. Dine Fro is jo nu weg, villicht is se jo all vörher dotgoh'n ...sech moll, heste dinen Drachen etwa villicht in dine Wust verarbeit'? Naa? Du büst jo vonnen Fak, kannst sowat.. ...naaa?«

Heribert verjogt sik, kummt hoch un ritt de Ogen open. Demonstrativ kikt Weters Heribert inne Ogen, aver de lacht luer över so eene dusselige Tomotung un kloppt den Kollegen up de Schullern: »Du hest Phantasie, mi'n Fründ! Wenn man dine Wust halv so goot wör ...« Dat lett Weters nich up sik sitten un meent verschlogen schräge: »Du, wenn dat jemols ruutkummt, wat dor in dine Wust rinkummt, denn kummst du dorin, wo du nie nich wedder ruutkummst!« Heribert grient bloß still in sik rin ....